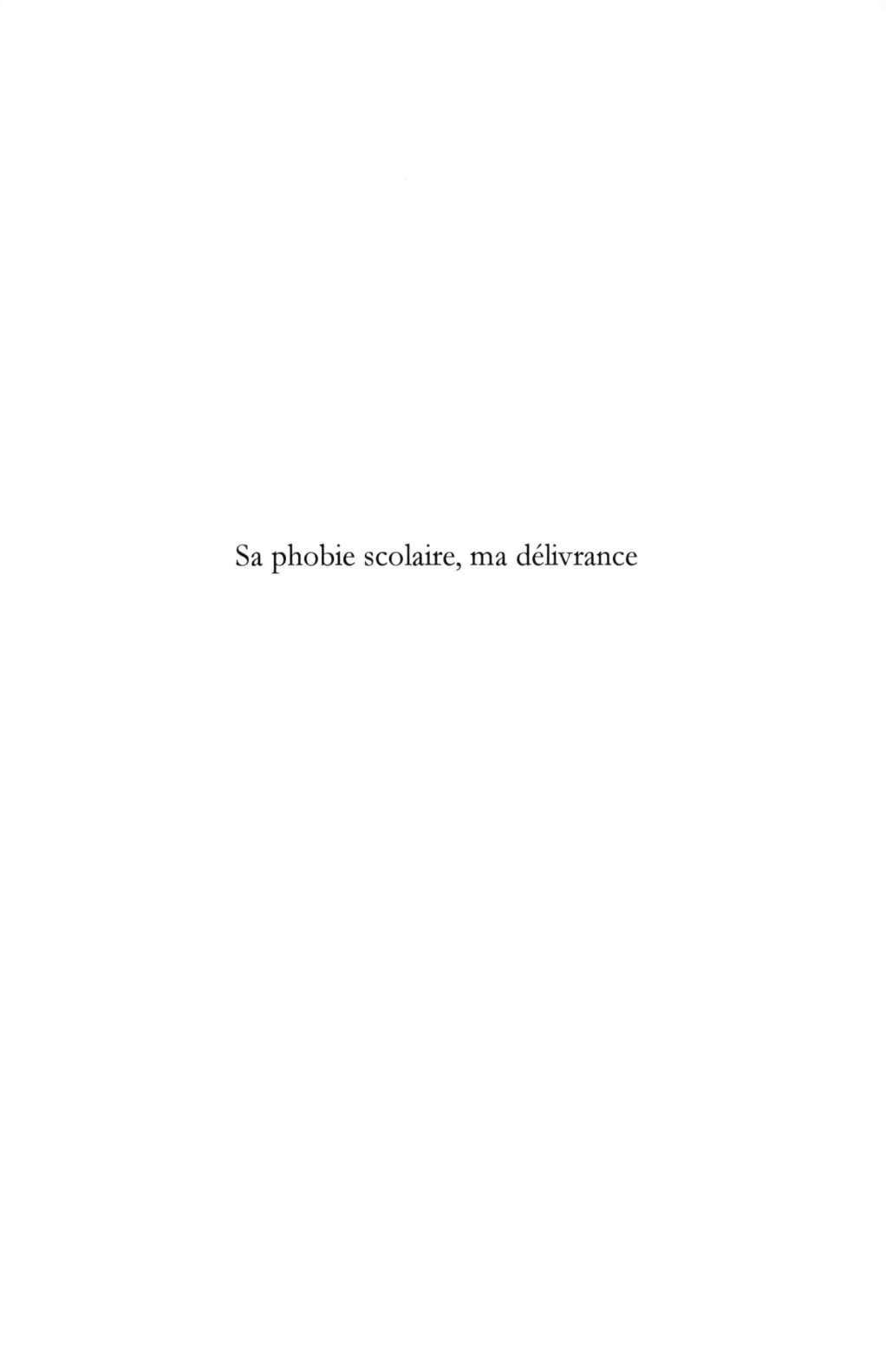

Sa phobie scolaire, ma délivrance

©2021. EDICO
Édition : JDH Éditions
77600 Bussy-Saint-Georges. France
Imprimé par BoD – Books on Demand, Norderstedt, Allemagne

Réalisation couverture : Cynthia Skorupa

ISBN : 978-2-38127-103-3
Dépôt légal : janvier 2021

Lili Saxes

Sa phobie scolaire, ma délivrance

JDH Éditions
Case Blanche

Préface

Je pensais découvrir un ouvrage sur la phobie scolaire ou, comme la nomenclature actuelle le définit, le Refus Scolaire Anxieux, mais pas que. Au fil des pages, je me rends compte qu'il s'agit d'un ouvrage sur le Haut Potentiel, mais pas que. Alors ? Peut-être un ouvrage sur le lien maman/enfant, ce lien vital pour l'enfant pour lui permettre d'accéder à d'autres dimensions de son être, mais pas que. Alors, un ouvrage sur une femme adulte qui se découvre HP, mais pas que.

Un ouvrage à la frontière ou au cœur de tout cela, un très beau témoignage qui part loin dans l'intimité de la Personne, de Lili, qui se livre, explique, comprend, raconte son chemin de vie. Pas donneuse de leçon du tout avec des injonctions du type « Il faut que, il suffit que… », mais une histoire, son histoire, racontée de l'intérieur grâce aux difficultés de son fils à être.

Je suis entré dans cette histoire progressivement, après avoir laissé de côté mes attentes d'un ouvrage sur une problématique pointue. Je me suis assis au bord du cours de sa vie, de ses espoirs, de ses histoires, de ses émotions, compréhensions, inquiétudes, questions.

Un vrai, un beau témoignage d'une maman qui croit en l'exemplarité d'un parent, en l'espoir niché loin dans les méandres de la souffrance de son enfant.

Lili a un style très ouvert de l'humour à la poésie en passant par des explications directes. Découvrir d'autres thérapies comme la « twingothérapie » que je ne connaissais pas et que vous découvrirez vers le terme de l'histoire. Découvrir sa poésie avec une définition du bonheur

« Le bonheur, c'est la beauté de cet arbre qui t'émeut, c'est cette rencontre avec moi et ce joli moment que nous partageons, c'est ce petit oiseau sur la branche là-haut qui nous regarde… Le bonheur, ce sont de petits moments simples qu'il faut savoir capter et c'est tout ! »

Alors, je nous invite à nous offrir un petit moment de bonheur avec Lili et par une phrase, une anecdote, une remarque, entrer à l'intérieur de soi et cheminer, c'est-à-dire comprendre et accepter notre propre atypie.

Merci pour cette écriture si personnelle, merci pour ce voyage et ce moment de bonheur simple.

Jean-François LAURENT

Note de l'auteur

La phobie scolaire est un véritable tsunami qui emporte tout sur son chemin et laisse derrière lui un paysage chaotique. La vague nous secoue, nous brasse, nous noie, nous blesse, nous emporte loin des chemins que nous pensions prendre. Nous désespérons de pouvoir en sortir un jour, de trouver une branche solide à laquelle nous raccrocher et nous laisse un temps hagard après le traumatisme.

L'une des origines essentielle de ce symptôme est un fonctionnement cognitif atypique de l'enfant qui le pousse à la sur-adaptabilité jusqu'à l'épuisement. Comme pour le burn-out chez l'adulte, il y a ce jour où il craque, où il voudrait bien mais ne peut plus. Il y a très souvent un facteur déclenchant en amont, même minime, sur lequel s'arrêtent trop de professionnels. Cet événement n'est pourtant que la goutte d'eau qui fait déborder le vase, la partie visible de l'iceberg.

C'est en essayant de comprendre cette partie immergée que j'en suis arrivée à une conférence sur les hauts potentiels dont je vous livre ici les principales particularités et leur lien avec la phobie scolaire.

Cette étiquette est porteuse de nombreuses croyances et fantasmes, provoquant parfois jalousie par ceux qui ne le sont pas et prétention chez ceux qui le sont. Il ne s'agit pourtant pas d'une intelligence supérieure, mais juste d'une intelligence différente. Pour ne pas heurter la susceptibilité de certains, je tiens à préciser que, comme de nombreux spécialistes au moment de cette rencontre, je parle de pensée en arborescence et de pensée linéaire telles qu'elles m'ont été présentées. Depuis peu, avec l'avancée des neurosciences, on parle aujourd'hui de pensée divergente et convergente, la première mettant en avant la capacité à associer des idées entre elles qui offre plusieurs solutions à un problème.

Un détail pouvant m'attirer la foudre de certains puristes, mais un détail quand même à mes yeux de maman qui ne retient de cette expérience qu'une seule leçon : lorsque l'on est différent, le besoin d'étiquette pour se comprendre et comprendre les autres est primordial afin de s'équiper des outils qui nous permettent de ne plus souffrir. Mais ce n'est qu'une étape, car l'on comprend ensuite que le bonheur est finalement loin de ces cases.

Lili Saxes

« Tout le monde est un génie. Mais si vous jugez un poisson sur ses capacités à grimper à un arbre, il passera sa vie à croire qu'il est stupide. »

Albert Einstein

INTRODUCTION

Une dizaine de personnes est déjà assise lorsque je franchis la porte du local. Tous m'accueillent avec un hochement de tête accompagné d'un mouvement de lèvres voulant dire « bonjour », mais aucun son ne sort de leur bouche. Une gêne est palpable. Comme si chacun d'entre eux était dubitatif sur sa légitimité à assister à cette conférence sur le thème du Haut Potentiel et ses caractéristiques.

Je les salue d'un signe de la tête et d'un « bonsoir » clair et bien audible qui me surprend moi-même. Je m'installe sur la première chaise qui se présente devant mes yeux et m'y installe en essayant d'être la plus naturelle possible. Je me félicite intérieurement de cette capacité à faire semblant d'être à l'aise alors que je ne le suis pas du tout, que la timidité me ronge, que mon cœur bat très vite et que j'ai anormalement chaud.

Une fois installée, je n'ose plus bouger, tout en essayant de garder une allure décontractée. Je jette un œil rapide et discret sur la salle. Il n'y a que des adultes. Ils ont tous un air plutôt sérieux. Certains ont un look décontracté, d'autres semblent sortir de Wall Street avec leurs costumes cravates ou leurs tailleurs. Je ne peux pas m'empêcher d'observer les gens et de m'attarder sur des détails. Pas pour juger ou par malveillance, juste sûrement parce que cela me rassure de mieux jauger l'autre et pour le plaisir d'imaginer mille histoires sur leurs vies…

Mon voisin de gauche semble un peu nerveux. Il n'arrête pas de gigoter et de renifler alors qu'il ne semble pas enrhumé. Il se met à faire craquer ses doigts. Mon corps se contracte automatiquement, ma mâchoire se serre et ma ride du lion se plisse. C'est un réflexe, ce bruit m'insupporte ! Comme le grincement d'une craie sur un tableau noir ! Je tourne la tête brusquement vers lui et lui jette un regard assassin que je ne contrôle pas. Il capte le message et, comme un enfant pris en flagrant délit, il cesse immédiatement et lâche ses mains. Je m'en veux un peu de ne pas pouvoir me retenir et de lui avoir envoyé un message négatif. Quoique… ce n'est pas bon pour ses articulations de faire ça, elles vont finir par se remplir d'eau et le feront souffrir en vieillissant.

La femme à ma droite est juste trop belle ! Fine, un visage doux, de beaux cheveux blonds bouclés, des yeux bleus, des lobes d'oreilles joliment dessinés… Je pourrais passer des heures à la regarder. Non pas que je sois attirée par les femmes, mais juste parce que la perfection me fascine. Je l'observe discrètement, je ne veux pas la mettre mal à l'aise ou qu'il y ait de malentendus. L'effet miroir est immédiat. Sa beauté me renvoie à tous mes complexes. J'aurais dû faire quelques efforts ce soir, au lieu d'enfiler ce qui me venait sous la main pour ne pas arriver en retard. J'ai, comme d'habitude, retardé ma préparation pour partir au dernier moment, un peu à la Florence Foresti : il me reste 5 minutes avant de prendre la route, je suis large ! Voilà comment je me retrouve vêtue de fringues confortables, pratiques, assorties, mais pas vraiment élégantes, et d'une touffe de cheveux ébouriffés, attachés vite fait avec une pince sur l'arrière du crâne. Plus de temps pour les accessoires et encore moins pour le maquillage, que je ne maîtrise pas du tout, de toute façon ! Lorsque j'ai une trousse de maquillage entre les mains, je ressemble à une poule avec une fourchette… Je ne sais pas quoi en faire. Sa tenue est chic, avec des accessoires parfaitement assortis et un maquillage parfaitement réalisé. Elle doit plaire aux hommes. Elle porte d'ailleurs une alliance.

L'homme à ses côtés est d'un gabarit assez fort. Il porte un costume sombre avec une cravate et lit un magazine scientifique. Il doit avoir un poste important et être intelligent. Contrairement à moi, c'est pour lui qu'il assiste à cette conférence ! Un deuxième regard me permet de relever quelques défauts sur sa tenue qui me laissent penser que ma première impression n'était peut-être pas la bonne. L'ourlet est grossier, le tissu bouloche à certains endroits et ses chaussettes de tennis dépassant de ses chaussures classiques me laissent perplexe. Je ne comprends pas le principe… soit tu fais du sport, soit tu vas bosser, et visiblement, il n'est pas prof d'EPS. Aucun prof de sport ne donne de cours en costume. Je sais, je suis très exigeante… ce sens de l'observation explique sûrement mon célibat. Non pas pour le look en lui-même, car je me fiche bien de l'emballage, mais pour les incohérences que je sens chez les gens. Cet homme veut visiblement avoir l'air de ce qu'il n'est pas. Peut-être un complexe d'infériorité ? Ou peut-être suis-je juste folle ?

C'est sûrement ça, la meilleure option. Mon cerveau analyse tout, tout le temps, c'est épuisant. Il n'est jamais au repos ; même la nuit, mes rêves sont tordus et pleins de détails. Je me pose tellement de questions auxquelles je ne trouve pas de réponses, malgré des années de thérapies avec différents psys. Je sais être séductrice… je ne sais pas comment, mais je ressens ce dont l'autre a besoin. Il m'est donc assez simple de devenir cette autre qu'il espère. Ce n'est pas de la manipulation malveillante, je ne cherche pas à en jouer. C'est juste incontrôlable. Et ensuite, je me lasse et ce qui me séduisait au début devient ensuite insupportable, même des petites choses insignifiantes. Les thérapeutes que j'ai rencontrés m'ont fait travailler sur ma peur de l'abandon et ma dépendance affective. J'ai été placée en pouponnière à la naissance, puis, à 11 jours, en famille d'accueil. Je n'ai jamais quitté cette famille qui s'est occupée de moi comme leur propre enfant. Ils m'ont d'ailleurs adoptée à ma majorité, lorsque nous n'avions plus besoin de l'abandon des droits maternels de la part de ma mère biologique. Mon père adoptif est décédé pendant la procédure d'adoption, et ma mère adoptive, 4 ans après. C'est vrai que ce parcours est loin d'être anodin et a laissé des cicatrices, mais j'ai effectué un vrai travail sur ce sujet. Pour moi, la page est tournée et ces épisodes sont digérés. J'ai le souvenir d'une enfance heureuse, malgré tout.

Les yeux rivés sur la cravate de ce monsieur, je me demande ce que je peux bien travailler de plus pour régler mes problèmes. C'est une petite tache de nourriture séchée, juste en dessous du nœud un peu de travers qui me fait sortir de mes pensées. Mon voisin de gauche se remet à craquer ses doigts. Je le fusille instantanément avec mon regard de tueuse et il s'arrête immédiatement. Autant mes yeux peuvent être rieurs et pétillants, autant ils savent être noirs et assassins…

Je me demande s'il est marié. Aucune femme ne doit pouvoir supporter un tel supplice ! Et pourtant, surprise ! Il porte une alliance. Comment une femme peut-elle tomber amoureuse de quelqu'un qui joue des castagnettes avec ses phalanges ? Elle est peut-être sourde… ou alors, elle-même joue des castagnettes avec d'autres parties de son corps. Certaines personnes se font craquer le cou ! Je souris à l'idée d'une soirée chez eux… je m'imagine avec les yeux injectés de sang, de la fumée sortant par les narines et les oreilles, le visage tout tendu et rouge-cramoisi !

La jeune femme en face de moi est jolie aussi, mais son visage exprime de l'inquiétude, voire de la souffrance. Elle semble jeune, mais son sérieux m'empêche de lui donner un âge avec exactitude. Cela m'intrigue et me fait penser à un article que j'ai lu sur Internet à propos de découvertes archéologiques. Un chapitre était consacré à la datation au carbone 14. Impossible de me souvenir comment j'ai atterri sur cette page, quand j'y pense. Je me souviens juste que je cherchais des articles sur la phobie scolaire pour en comprendre les origines et les mécanismes, afin de pouvoir aider mon fils qui ne peut plus mettre un pied au collège depuis la 6e. Un groupe de parents sur les réseaux sociaux parlent de précocité dans plus de 80 % des cas. C'est complètement improbable concernant mon fils qui a toujours détesté l'école et qui était plus remarqué pour ses pitreries que pour ses résultats. Mais c'est ma dernière piste, même si je ne fais vraiment pas le lien entre les 2. C'est comme l'ouverture d'une quinzaine de liens sur Internet en partant de la phobie scolaire pour arriver sur le carbone 14, ça manque de logique ! Et pourquoi je pense à cela maintenant ? Peut-être que c'est la solution que m'a apportée mon cerveau pour solutionner mon impossibilité à donner un âge à cette jeune femme ? Cela me fait glousser, ce qui attire les regards de tout le monde. Je simule vite une petite quinte de toux pour noyer mon rire étouffé et baisse les yeux, le temps de me faire un peu oublier…

Il me tarde que cette conférence commence ! Je déteste offrir à mon cerveau tordu des temps de liberté où il peut partir dans tous les sens. Je regarde l'heure et constate avec déception que cela ne fait que quelques minutes que je suis ici, alors que j'ai l'impression d'avoir réfléchi des heures. Je vous épargne mon flot de pensées qui suit mes regards sur le reste de la salle… et mon questionnement sur les interrogations de tous ces gens. Est-ce qu'ils se posent tous les mêmes questions que moi ou parviennent-ils à ne penser à rien ? Cela semble tellement impossible ! Mon signe zodiacal est le Gémeaux. Il paraît qu'ils ont une double personnalité. Et comme je suis ascendant Gémeaux, nous sommes donc 4 dans ma tête ! Je

suis schizophrène au carré ! Zut, je viens de glousser à nouveau !
Mais la diversion est inutile. Un homme prend place face à nous et
nous souhaite la bienvenue. Le tsunami de pensées aussi débiles
qu'inutiles cesse immédiatement et je me concentre sur les paroles
de cet homme…

RÉUNION : PRÉSENTATIONS

Après les formules d'accueil usuelles, cet homme d'une trentaine d'années se présente. Haut Potentiel (HP) détecté lorsqu'il était jeune, il a toujours eu du mal à s'intégrer dans la société, que cela soit d'un point de vue professionnel ou personnel. Personne ne lui a expliqué ce que cela signifiait d'être HP. Ses parents s'attendaient à avoir un enfant avec un parcours scolaire exceptionnel, puis une carrière prometteuse, ce qui lui mettait la pression. Mais il n'arrivait pas à répondre à leurs attentes et ne trouvait pas la paix intérieure. Il cogitait tout le temps, était torturé par des milliers de questions, dont beaucoup sur des sujets sans intérêt, et ne trouvait pas sa place dans la société. Il a donc cherché à comprendre son fonctionnement, puis à vouloir partager ces découvertes pour « libérer » le plus de Hauts Potentiels des problématiques liées à leur fonctionnement. Il a donc créé sa société de coaching pour venir en aide à ces profils atypiques et organise régulièrement de petites conférences pour les éclairer sur leur façon d'être, de tuer le mythe du petit génie qui leur est souvent associé et de proposer un accompagnement. Il intervient également en entreprise pour aider à définir des missions plus adaptées aux HP, afin d'obtenir le meilleur dans l'intérêt de tous.

Il nous demande ensuite de nous présenter rapidement à tour de rôle et d'expliquer la ou les raisons qui nous ont amenés à venir à cette soirée.

Le joueur de castagnettes est garagiste. Il s'exprime de manière très saccadée, utilise beaucoup de mots et ses phrases sont un peu confuses. Comme si toutes ses pensées sortaient en même temps de sa bouche. Il explique qu'il s'est toujours senti différent des autres, qu'il avait du mal à se faire comprendre et à les comprendre. Déscolarisé très tôt en raison de mauvais résultats et de problèmes de comportement parce qu'il s'ennuyait, il ne s'est jamais senti à sa place. Un test de QI demandé par son psy le surprend, lui qui pensait être nul, et le score de 149 (rappelons qu'il faut 130 ou plus pour être HP) le scotche carrément. Il se sent alors encore plus perdu qu'avant. Il vient avec l'espoir de trouver une lumière au bout de son tunnel. Sa détresse est palpable et il est touchant de sincérité. Le score de son test est impressionnant et sa problématique me fait écho, même si ses manifestations sont différentes des miennes. Lui a du mal à créer du lien, alors que moi j'en crée beaucoup trop.

Mes amis viennent de tous les horizons, de tous les milieux sociaux, politiques ou religieux. D'ailleurs, pour mes 40 ans, il m'était bien difficile de tous les réunir sans craindre qu'ils ne s'entre-tuent. Un psy m'a dit un jour que c'était ma peur de l'abandon qui me faisait agir ainsi : si l'un d'eux me lâche, il m'en reste plein et je ne me retrouve pas seule. C'est faux ! Je sais que ce qui me lie à eux n'est pas de cet ordre. Je les aime tous pour une partie d'eux-mêmes, mais pas en totalité. C'est comme si l'ami idéal n'existait pas et que, comme un puzzle, je prenais le bout que j'aime chez chacun pour essayer de m'en constituer un complet. Mais lorsque l'on confie cela à un psy, Freud vient souvent jouer les « trouble-fêtes ». Il faut s'interroger sur mes liens avec ma mère biologique, mes traumatismes, etc. Mais je l'ai fait déjà tellement de fois sans que cela réponde à l'intégralité du problème que je ne vois plus vers quoi je dois encore aller. Je suis en paix avec mon enfance, j'ai pardonné à ma mère biologique de m'avoir abandonnée et même à mes parents d'être morts. *What else ?* J'ai donc accepté de fonctionner ainsi et je fais avec, même si cela n'est pas complètement satisfaisant.

Il n'empêche que le joueur de castagnettes, avec un QI de 149, devrait se mettre au solfège et apprendre à faire des bruits plus mélodieux avec ses doigts. Cette prise de parole lui a généré beaucoup de stress. Je suis à deux doigts de saigner des oreilles.

La femme parfaite prend ensuite la parole. Elle s'exprime peu, mais avec justesse. Elle est cadre dans une grande entreprise. Elle a été diagnostiquée HP lorsqu'elle était enfant et tout va bien pour elle. Elle ne vient que par curiosité. C'est étrange de se définir par un grade et non un métier. Elle se définit par un statut et non par ce qu'elle fait. Elle ne doit pas si bien aller que ça. Cela ne serait que la curiosité qui l'aurait fait sortir de chez elle un soir de tempête en plein hiver ? Si c'est le cas, chapeau !

Je n'aurais jamais eu l'énergie de me mobiliser juste pour de la curiosité avec une météo pareille un soir de semaine si tout allait bien ! J'en consomme déjà tellement à travailler, à gérer seule mes deux enfants, pas simples, de surcroît. Je dois m'occuper de tout chez moi : je suis maman, infirmière, cuisinière, femme de ménage, copine, comptable, secrétaire, clown, etc. Mes rares moments de liberté sont uniquement consacrés à ne rien faire et à me laisser me faire lobotomiser en cachette de mes enfants par des émissions de télévision débiles. Rien de tel pour mettre son cerveau en mode off ! Bien sûr, je cache cela à tout le monde. Il vaut mieux être du côté de ceux qui critiquent que de ceux qui regardent. Ça évite d'avoir à se justifier... une question de camouflage ! Sans problèmes à solutionner, je ne serais probablement pas à cette réunion ce soir.

L'homme en costume, lui, espère trouver ici de quoi comprendre son fils avec qui le lien ne se fait pas, quels que soient ses efforts. Ce dernier a 20 ans, a été diagnostiqué HP il y a plusieurs années déjà et va plutôt bien. Mais père et fils ne sont plus sur la même longueur d'onde depuis quelques années et les conflits sont fréquents. Ils ne se parlent presque jamais, n'ont rien à se dire et ne partagent pas grand-chose. Il fait des efforts, tente des choses pour rétablir le contact, mais il a l'impression de ne pas parler le même langage ou vivre dans le même monde. Il a l'air triste, et sa quête est touchante.

La jeune femme sans âge prend la parole. Celle-ci n'est pas sûre, on sent sa gêne, et, pourtant, elle est calme. Elle commence par demander si quelqu'un pourrait la ramener en centre-ville à la fin de la conférence. La femme parfaite lui propose de la déposer au terminus du tramway, ce qui lui convient. Mais dehors, c'est l'apocalypse à la mode Bretonne et, à sa place, j'aimerais que l'on me propose quelque chose de plus sécurisant. Je ferai un petit détour et la ramènerai chez elle. Elle me remercie et reprend sa présentation. Elle prévient qu'elle a un parcours particulier. Elle recommence une nouvelle vie, loin de ses parents avec lesquels elle tente de couper les liens. Ils sont tous les deux Pervers Narcissiques Manipulateurs (PN) et après des années de souffrance psychologiques, elle souffre énormément physiquement depuis quelque temps. Elle a plusieurs suivis médicaux et psychologiques, mais a du mal à avancer. Elle sait qu'il y a un lien entre un PN, deux dans son cas, et un HP, mais les blessures émotionnelles de son enfance la font douter sur cette possibilité. De plus, son père est un grand médecin, respecté de tous grâce à une fausse empathie. Une famille de toxiques sous l'apparence d'une famille parfaite et idéale. Elle a fait une tentative de suicide et était persuadée d'être folle. Aujourd'hui, elle a bien identifié tout le poison qu'elle a reçu et le rôle de ses deux parents dans sa déconstruction, mais voudrait comprendre quelle différence il y a entre ses frères qui ne souffrent pas de cette situation et elle qui est dévastée. Elle cherche de nouvelles pistes. Son phrasé est monocorde, comme pour garder le contrôle sur ses émotions. J'imagine tellement ce qu'elle a dû vivre ! Je suis heureuse d'être son chauffeur pour le retour. C'est la peur qui fige son visage et ses cordes vocales.

C'est à mon tour de prendre la parole. Je prends sur moi pour avoir une voix claire et assurée.

— Je m'appelle Nathalie, j'ai 45 ans et je suis maman de deux enfants. Ma fille de 17 ans va très bien, mais mon fils de 14 ans souffre de phobie scolaire. Il existerait un lien entre ce trouble et la précocité. C'est pour essayer de le comprendre que je suis parmi vous.

Bravo à moi-même ! J'ai été précise sans en dire trop. Inutile de trop s'étaler sur le sujet, vu qu'il est peu probable que mon fils soit HP. Ces résultats scolaires n'ont jamais été brillants et ses centres d'intérêt vont tous dans la même direction : les jeux sur son ordinateur. Il est bluffant avec sa perception des choses, l'analyse qu'il fait des personnes ou des situations, mais il est clair que sa dynamique pour les apprentissages est très faible. Je lui accorde une forme d'intelligence émotionnelle, mais pas un haut potentiel. Le fils d'un ami a été diagnostiqué précoce très tôt, mais il avait des signes extérieurs de HP : il était passionné depuis tout petit par l'Histoire de France, il dévorait des bouquins entiers sans images et écrits petit sur la vie de Napoléon je ne sais plus lequel. Le fils d'une de mes sœurs s'interroge, lui, sur la composition des trous noirs dans l'espace. Il ne pense qu'à ça et ne parle que de ça depuis qu'il est assez jeune. Alors, évidemment, lorsque mon fils me montre ses créations sur *Minecraft* avec ses petits bonshommes carrés, j'ai du mal à y voir de la précocité.

FLASH-BACK : LA PHOBIE SCOLAIRE DE MON FILS

Quand j'y pense, ses difficultés scolaires ont commencé le jour de sa rentrée en petite section. À la fin de sa première journée d'école, il m'a dit : « C'était bien, mais je n'y retournerai pas tous les jours ! ». Sa scolarité en maternelle et en primaire a toujours été ponctuée des mêmes commentaires : « Il est distrait, il manque de concentration, il amuse ses camarades de classe, il ne lit pas les consignes… » Il est toujours passé en classe supérieure de justesse. L'entrée en 6ᵉ a été compliquée. Changement de rythme, de lieu, d'organisation, de copains. Il ne parvenait pas à se faire de nouveaux amis. Les autres ne parlaient que de Lego alors qu'il n'y jouait déjà plus depuis un moment. Pour se faire des amis, il a demandé à rejoindre le même club de rugby que ses camarades. Mais le 1ᵉʳ jour d'entraînement, au bout de 10 minutes de jeu, il fait une mauvaise chute et se retrouve avec une double fracture de l'avant-bras droit. Un premier plâtre est posé, mais il est trop serré et ses doigts gonflent comme des petites saucisses. On lui change, mais au second, ses doigts deviennent violets. Nous passons toutes nos soirées aux urgences et il souffre énormément. Une intervention chirurgicale est donc décidée, avec une pose de broches. Mais les nerfs de la pince (le mouvement de l'index et du pouce qui permet la saisie d'objets) sont irrités par la broche qui les touche. Les douleurs sont très fortes et le traitement pour les soulager, très lourd. Pendant presque un mois et demi, son retour à l'école est impossible. Récupérer ce retard est impossible, tant sur le plan scolaire que sur le plan social. Les amitiés se sont déjà nouées et mon fils a du mal à trouver sa place. De plus, certains enseignants ne tiennent pas compte de cette longue absence dans leurs notations ou leurs remarques qui sont souvent injustes. Il a du mal également avec le comportement des grands qu'il trouve violent. Moins on respecte les autres, plus on est populaire ! Et c'est encore pire avec les petits 6ᵉ à qui il faut faire comprendre qui commande ! Ils les poussent, les bousculent, les insultent, lancent leurs sacs, cachent leurs trousses… Il faut apprendre les règles sous le regard indulgent des adultes qui veillent seulement à ce que personne n'en meure. Les surveillants parlent de chamailleries entre enfants, alors que le vôtre vous raconte de véritables scènes dignes de Quentin Tarantino !

Il a commencé à avoir régulièrement mal au ventre, à la tête et à rater des journées d'école par-ci par-là. Mais avec ses absences déjà nombreuses à cause de son bras, il a fallu le forcer un peu pour prendre chaque jour le chemin de l'école. Je sentais qu'il commençait à s'éteindre. Il restait dans sa chambre, ne souriait plus, pleurait à la moindre remarque, et faisait des dessins très sombres. J'ai tout essayé pour le remotiver, et je sentais bien qu'il faisait tout son possible pour y croire et essayer, mais les appels de l'école me demandant de venir le chercher parce qu'il était en pleurs à l'infirmerie ou chez la CPE étaient de plus en plus nombreux. Je le retrouvais en larmes, avec tout un tas de questions comme :

— Mais à quoi ça sert d'apprendre à utiliser un rapporteur ? Tu t'en sers, toi, dans ta vie de tous les jours ?

— Parce que dans mon métier, je n'en ai pas l'utilité, mais toi, tu ne sais pas ce que tu voudras faire plus tard. Il vaut donc mieux apprendre. Et puis cela fait partie de la culture générale. Et même si tu ne t'en sers pas, ça t'éclaire sur une façon de raisonner qui est peut-être utile dans la vie.

— La vie ? Mais à quoi elle sert, elle aussi ? Franchement, si vivre, c'est ça, eh bien, j'aime autant que ça s'arrête !

Et là, impossible de trouver spontanément de réponse… comment lui vendre du rêve alors que cette question me hante aussi depuis toujours ! À quoi ça sert de vivre ? C'est vrai que j'ai l'impression de ne pas vivre… je travaille, je cours, je gère tout un tas de contraintes, et les moments de détente ne sont consacrés qu'à récupérer, tellement je suis épuisée. Je ne fais que reproduire ce que font les autres. Ça semble les rendre heureux, même si je ne comprends pas ce qui les anime dans cette vie. Peut-être que je me pose trop de questions et que le sens de tout ça viendra un jour. Mais face à mon fils, je dois cacher cette part sombre de ma personnalité et faire réussir mes enfants là où j'ai échoué : être heureux là où je fais semblant de l'être. Alors, je répète comme un perroquet les paroles de ma mère. Si elles n'ont pas fonctionné sur moi, elles seront peut-être efficaces sur eux. De toute façon, je n'ai rien d'autre en stock ! Mais même en y mettant tous mes talents d'actrice, tout mon enthousiasme, je sens que ces mots ne l'accrochent pas et les crises d'angoisse sont de plus en plus fréquentes, longues, et fortes. Il stresse dès le vendredi soir de la reprise du lundi. Je ne trouve plus rien qui puisse l'apaiser. Et à la fin des vacances de Noël, il franchit un nouveau cap. Il ne peut plus aller du tout à l'école.

C'est le début d'un long parcours du combattant ! J'invente des excuses bidon pour le collège, mens un peu à mon ex-mari qui ne comprend pas ce qui se joue. Il n'est ni fainéant, ni manipulateur, ni capricieux comme il semble en être convaincu. Je le sais, je le sens, c'est beaucoup plus profond que ça, mais manque cruellement d'explications rationnelles. Une semaine sur deux, lorsque mon fils est chez lui, mon ex-mari le force à aller à l'école et se vante de son succès… c'est parce que je n'ai aucune autorité que je me laisse faire par ce «petit con». Sauf que je dois aller le récupérer tous les jours à l'école et le ramasser à la petite cuillère. Ils sont compatissants, me souhaitent bon courage, me disent que ça va aller, mais ne m'éclairent pas sur ce qui se passe. Et un soir, dans sa chambre, la veille de retourner une semaine chez son père, je surprends mon fils en train d'essayer de se pendre à son lit mezzanine. Il ne risque pas d'y arriver, ses pieds touchent le sol, mais le geste est là. Et cela peut être une répétition de quelque chose de plus réfléchi et abouti. J'ai cru que mon cœur cessait de battre !! Il préférait mourir que de retourner chez son père, et donc d'aller au collège ! Je discute longuement avec lui. Je parle de harcèlement, de racket, je cherche des raisons, mais il n'y en a aucune. Il est profondément déprimé, plus rien ne le touche… C'est une bouteille de nitroglycérine, et à la moindre secousse, il explose ! Je le rassure, il n'ira plus à l'école ni chez son père le temps que l'on trouve des solutions pour le sortir de là et je décide d'arrêter de travailler. Un tel événement redéfinit vite les priorités ! Et la peur, ainsi que la colère, provoque une poussée d'adrénaline qui me donne la force de déplacer des montagnes… ça tombe bien, je vais en avoir besoin !

J'ai évidemment pris un rendez-vous en urgence chez mon médecin. C'est un homme gentil, empathique et compréhensif qui lui prescrira un «arrêt» et de l'Euphytose. Et pourquoi pas des bonbons pour lui passer ses envies suicidaires ? Il me recommande un bon pédopsychiatre qui passe bien avec les enfants. J'obtiens un entretien en urgence deux semaines plus tard. C'est long, deux semaines, avec un enfant qui pleure tout le temps, qui dessine des gens qui se pendent, ou qui sautent d'un immeuble… Surtout quand on habite au 8e étage ! Mon ex-mari harcèle mon fils au téléphone. Il lui demande tous les jours s'il a été à l'école, s'il pense y aller le lendemain, quand est-ce qu'il vient chez lui ? Il est persuadé que sa tentative de suicide n'est pas si dramatique que ce que je veux bien croire, vu que ses pieds touchaient le sol. Peut-être un appel au secours, mais peut-être un outil de manipulation ?

Je suis choquée devant le manque d'empathie de cet homme avec qui j'ai pourtant vécu pendant 17 ans. Ce n'est pas une découverte non plus. Depuis son remariage, les relations sont compliquées. Moi avec lui, lui avec ses enfants, les enfants avec sa nouvelle femme… Les enfants la surnomment Adolph. Au début de leur relation, j'essayais d'arrondir les angles. Ce n'est pas simple de se faire accepter par les enfants de l'autre et trouver sa juste place peut demander du temps. Les modes d'éducation, les habitudes, les rythmes sont différents d'une famille à l'autre et en reconstituer une avec deux univers différents demande un peu de souplesse et d'ajustement. Mais chaque vendredi soir, lorsque les enfants rentraient de chez leur père, c'était toujours le même scénario ! Je n'avais pas le temps de retirer mon manteau en rentrant chez moi que les enfants accouraient en racontant toutes les « horreurs » qu'ils avaient vécues pendant une semaine chez leur père. J'appelais ça « les soirées vomi ». Je passais la soirée à calmer tout le monde, à trouver des excuses à la belle-mère qu'ils avaient sûrement mal comprise ou au papa qui n'intervenait pas. Je les encourageais à mettre de la distance avec les choses, mais le temps a donné raison à mes enfants. Il y avait un vrai problème. Lorsque j'ai voulu en parler avec mon ex-mari, il a d'abord écouté, mais n'a rien fait. La seconde fois, il m'a renvoyé dans mes vingt-deux mètres : il fait ce qu'il veut chez lui, je fais ce que je veux chez moi. Ma fille a fini par choisir de cesser la garde alternée et de ne plus y aller. « Le prix à payer est trop cher pour voir papa ! ». Mais mon fils est tiraillé entre l'amour qu'il porte à son père et la torture que cela représente pour lui de vivre avec cette femme. Je suis persuadée qu'il y a un lien avec la dépression de mon fils.

De mon côté, j'entretenais une relation depuis presque 3 ans avec un homme qui a deux enfants. Je n'ai eu aucune difficulté à me faire aimer de ses enfants qui étaient des amours. Je n'ai jamais essayé d'imposer quoi que ce soit… ils étaient là avant moi, et c'est moi, l'adulte, qui doit m'adapter à eux. Ma priorité étant de tisser avec eux des liens de confiance, d'amitié, puis d'amour. Je ne serai jamais leur mère, ils en ont déjà une, mais je peux être une amie. Je ne vis pas avec cet homme. Si nous partageons beaucoup de choses, nous ne partageons pas le même toit, justement parce que réunir les deux familles, c'est compliqué pour lui. C'est trop difficile d'accepter un mode d'éducation différent. Je sens qu'il ne supporte mes enfants que sur de courtes durées et ils le ressentent. J'avais espacé les week-ends chez lui pour éviter qu'ils ne vivent la même chose que chez leur père. Avec ce nouvel incident, je décide qu'il est préférable pour eux de ne plus subir aucune pression, même infime. Je ne vais plus que dîner de temps en temps chez lui, mais seule. Il tient le même discours que mon ex-mari… je les écoute trop, je suis trop laxiste… je ne supporte plus ! Je le quitte…

J'arrive à convaincre mon ex-mari de venir avec nous chez le pédopsychiatre, même si pour lui, tout ça, c'est à la « mode », des « conneries » ! Son bureau est austère et tristounet pour un professionnel des enfants, mais sa façon de parler est douce, ce qui me rassure. Il connaît l'objectif de la consultation longuement expliquée au téléphone et bien détaillée par mail. Il sait tout ! Les problèmes d'école, de copains, les difficultés relationnelles avec sa belle-mère, la torture d'aller ou de ne pas aller chez son père. Après une demi-heure de consultation seul avec mon fils, il nous fait revenir à son bureau. Il a joué aux cartes avec mon fils, qui a gagné, d'ailleurs, et il est heureux de nous annoncer que mon fils va bien. Il souffre d'une sorte d'Œdipe à retardement. C'est sa séparation d'avec sa mère pour aller à l'école qui lui génère cette angoisse. C'est donc à moi de travailler pour remettre mon fils à sa juste place ! Il ne renouvelle pas le certificat médical, nous invite à remettre immédiatement le petit à l'école et de continuer l'Euphytose ! Le petit rire de mon ex-mari qui suit ce diagnostic sera la cerise sur le gâteau ! Non seulement ce médecin n'a strictement rien compris, mais, en plus, il vient de flinguer en deux secondes mon dernier espoir de convaincre son père à fédérer à mon ressenti… Je suis Don Quichotte et je vais devoir me battre seule contre tous les moulins, armée d'une épée en papier mâché ! Seule contre mon ex-mari qui est maintenant convaincu que je couve trop mon fils, seule contre ma famille qui me trouve trop laxiste et à l'écoute avec mes enfants, contre l'école qui me rappelle qu'elle est obligatoire, contre certains amis qui me soupçonnent d'être trop gentille, contre les professionnels de la santé qui ne comprennent rien et contre mon futur ex « amoureux » qui ne peut pas sentir mes enfants de toute façon… Youpi ! Je me jetterais bien une petite poignée de confettis sur la tête, assise en face du pédopsy, si la situation n'était pas si grave. Aucun mot ne sort de ma bouche… Je suis paralysée devant autant d'incompétence et de bêtise.

La tentative de suicide de mon fils a néanmoins fait bouger les choses à l'école. Toute l'équipe pédagogique a été choquée par son geste et fait preuve de gentillesse et de bienveillance. Il est hors de question qu'il revienne à l'école dans ces conditions ! Ils m'organisent une rencontre avec l'infirmière scolaire qui témoigne de l'état de mon fils qu'elle a recueilli si souvent en larmes dans son bureau et avec le médecin scolaire. On me parle de Phobie Scolaire, aussi appelé Troubles Anxieux Généralisés (ça enlève toute notion de responsabilité de l'école). Ils ont l'habitude, car environ 20 % des élèves traversent cela de manière plus ou moins forte au moins une fois pendant leur scolarité. Un suivi psy doit être mis en place. C'est le thérapeute qui décidera d'un allègement de l'emploi du temps ou de la mise en place d'un SAPAD (Service d'Assistance Pédagogique À Domicile), des heures de cours individuels à domicile… L'important est que l'enfant renoue le lien avec l'établissement rapidement, en douceur. Mais en attendant, pas d'école. Et vu que mon fils va mal, il est préférable qu'il reste là où il se sent le mieux pour le moment, c'est-à-dire chez moi. On me conseille le CMP, le Centre Médico Psychologique, pour trouver un professionnel qui maîtrise ce genre de problèmes. J'ai 1 000 questions, bien sûr, mais j'ai un début de réponse qui fait sens. Je ne sais pas pourquoi ni comment, mais je sais ce qu'il a !

Les délais d'attente au CMP sont extrêmement longs. Il faut compter environ 6 mois avant d'avoir un premier rendez-vous. Mais là, comme mon fils est considéré comme une urgence, je n'attendrai que 3 mois ! Peu importe, cette date fixée, j'obtiens un mail du médecin scolaire qui refuse que mon fils retourne à l'école sans l'avis de ce professionnel. Je n'irai donc pas en prison et ne verrai pas débouler un tas d'assistantes sociales pour vérifier si je suis une bonne mère. Et un moulin d'éclaté par la maman Don Quichotte, un ! Et mon ex-mari ne peut plus déposer mon fils de force à l'école. Et de deux ! Il continue à ne pas y croire et à raconter n'importe quoi, mais peu importe… Mon fils et moi disposons d'un peu de répit pour décompresser et effectuer des recherches sur la Phobie Scolaire dont je n'ai jamais entendu parler.

Je trouve en attendant une psychologue géniale, recommandée par un ami, pour prendre en charge mon fils le temps que d'autres choses se mettent en place. Non seulement elle l'entend, mais en plus elle l'écoute ! Il l'adore. Elle le trouve immédiatement hypersensible, ce qui serait sûrement à l'origine de cette phobie scolaire, mais elle a besoin de temps pour approfondir son diagnostic. Elle lui donne quelques exercices à faire à la maison pour gérer ses poussées d'angoisse. Elle travaille sur les sujets qui peuvent être source de stress également, afin de mieux cibler son accompagnement. Elle utilise pour cela un petit appareil qui enregistre les battements de cœur, la pression artérielle et je ne sais plus quoi. Mon fils a donc plein de capteurs sur la poitrine, au bout des doigts, sur les tempes, etc. Tout ce qui mesure les émotions apparaît dans plusieurs fenêtres sur un écran. Un trait vert au milieu de chaque fenêtre indique la norme. Si les indicateurs de mon fils sont à proximité de celui-ci, cela indique que son état émotionnel est normal. Lorsqu'ils sont en dessous, ils apparaissent en bleu et cela signifie que l'enfant est détendu. Et lorsqu'ils sont au-dessus, ils apparaissent en rouge et cela est signe de stress. Elle aborde alors plein de sujets et enregistre tous les indicateurs, un peu comme un détecteur de mensonges. Elle me fait voir les résultats en fin de séance. Lorsqu'elle parle de moi, tous les traits sont bleus. Pour l'école, les traits sont rouges, mais sans être trop éloignés de la norme. C'est un stress, mais pas un traumatisme, donc rien d'irréparable à ses yeux. Lorsqu'elle parle de son père et de sa belle-mère, les traits sont rouges et sortent presque du cadre tellement ils sont hauts. Elle a reproduit l'expérience plusieurs fois et les résultats sont formels. L'origine du problème est là, et c'est là-dessus qu'elle doit travailler. Elle veut recevoir mon ex-mari pour lui expliquer, pour qu'il change des choses, et pour détacher mon fils de sa culpabilité envers son père. Mon ex-mari la rencontrera une fois, mais ne voudra plus jamais y remettre les pieds, refusera de payer une séance sur deux comme c'était établi au départ et ne cessera de dire à son fils à quel point cette professionnelle est nulle. Il a plus confiance dans le diagnostic du pédopsychiatre qui a fait 8 ans d'études que dans cette folle avec sa salle de consultation pleine de jouets ! Je maintiens les séances à ma charge, même si elles sont plus espacées, car pas remboursées. Malheureusement, cette femme tombe gravement malade et cesse son activité pour une durée indéterminée.

De nouveau seule avec les problèmes de mon fils et sans bilan établi, je multiplie les lectures sur la phobie scolaire. Je comprends que c'est une peur irrationnelle et soudaine de l'école d'origine multifactorielle. Je lis beaucoup de choses qui me font bondir : «un trop grand attachement à la mère, une relation fusionnelle avec la mère, la mère qui ne sait pas couper les liens avec son enfant», etc. ! Je ne sais pas ce que Freud a vécu avec la sienne, mais j'imagine que les relations avec la mienne, la biologique, c'était du petit lait !!

Et le père, alors ??? Il n'en parle pas, Freud ! Pourtant, il maltraite ses enfants depuis des années en essayant de me «tuer» à travers ses enfants : «votre mère est folle», «elle a des goûts de chiotte», «elle est nulle», «fainéante», «pauvre» (même si ça, c'est un peu vrai ! Mais il se garde de dire qu'il ne paye plus la pension alimentaire depuis 3 ans et m'oblige à entamer une action en justice), «elle travaille trop», «elle ne travaille pas assez»… Il n'a pas digéré mon départ et verse ses remontées gastriques à longueur de journée sur les enfants. Il les maltraite en s'écrasant devant les débordements de sa nouvelle femme : il ne dit rien lorsqu'elle autorise ses filles à remettre un peu de sel dans leur assiette, mais l'arrache des mains aux miens l'instant d'après parce que c'est suffisamment salé. Il n'intervient pas lorsqu'elle les dispute parce qu'ils viennent d'aller aux toilettes, que ça pue et que, du coup, ils ne respectent pas le fait qu'elle, elle soit constipée. Il reste silencieux lorsqu'il donne des bonbons aux enfants et qu'elle les reprend parce que ce n'est pas l'heure. Il est muet comme une carpe lorsqu'elle pète un câble sur mes enfants et retire toutes les ampoules de l'étage parce que quelqu'un, sûrement elle d'ailleurs qui est la seule à l'utiliser, a laissé la lumière du couloir allumée toute la journée. Il les maltraite lorsqu'ils arrivent chez lui le vendredi soir et que les deux se moquent de leurs fringues, des goûts vestimentaires de leur mère et exigent qu'ils se changent parce que c'est vraiment trop moche, alors que ce sont eux qui les ont choisis ! Il les maltraite en n'écoutant pas tout ce que les enfants lui rapportent, sur ce qu'ils vivent de difficile, les injustices, les préférences, les remarques assassines.

Il minimise, trouve des excuses et finit toujours par dire que c'est ce qui se passe chez moi qui n'est pas normal. C'est vrai que les enfants ne sont pas attachés dans une cave froide et humide avec un bout de pain dur et un verre d'eau sale ou battus à coups de ceinture, mais cela reste de la maltraitance. Alors, Freud, « pouet pouet » camembert ! L'avocate que je consulte me dit que saisir le juge des affaires familiales avec des faits aussi insignifiants et sans preuve ne me garantira pas un succès. Il faudra que les enfants expriment leurs souhaits de garde pour être entendus. Ça tombe bien, c'est justement de cela que souffre mon fils… il déteste aller chez son père, mais a trop peur de le rendre malheureux ! Il devrait bien s'exprimer devant un juge qui va « punir » son papa ! Le recours est compliqué et son prix complètement dissuasif pour mon chômage, même avec l'aide juridictionnelle !

Au milieu de ce marasme, il y a également la famille, les amis, les collègues qui y vont de leurs petits conseils. Que ce soit par amour, amitié, sympathie ou bêtise, lorsque le vase est déjà bien plein, certaines recommandations ou remarques sont insupportables : «Tu l'écoutes trop», «Tu l'emmènes à l'école et tu ne lui demandes pas son avis», «C'est le résultat de ton laxisme», «De mon temps, on ne se posait pas autant de questions!», «Le mien, ce serait un bon coup de pied au cul, il verrait s'il ne veut pas aller à l'école», «Ma pauvre!!! Comment tu vas faire?», «Je t'ai toujours dit que la garde alternée, c'était une connerie», «Laisse-le à son père si lui il arrive à l'emmener à l'école», «Et l'internat? Pour le couper de ses parents et l'aider à se retrouver», «C'est du cinéma, je l'ai vu sourire cet après-midi!»… Et, à ce stade, je n'ai que des explications dont je ne suis pas convaincue pour justifier tout ça. Comment convaincre les autres? Les «à ta place» tournoient dans ma tête en alternance avec les «et si j'avais tort?».

Je découvre sur Internet une association dédiée à la phobie scolaire. J'assiste, dubitative et méfiante – n'importe qui le serait pour moins que cela – à une première rencontre entre parents. Chacun partage de façon informelle son histoire, son parcours, ses bonnes adresses… Certains sont dedans depuis des années (quoi???!!!), l'école n'est pas obligatoire, c'est l'enseignement qui l'est (ah, tiens!), il est important de faire faire des bilans pour détecter une précocité, des troubles Dys (comme la dysorthographie, la dyscalculie…) ou encore des TDA pour Troubles du déficit de l'attention (bah, pourquoi?), et, surtout, se méfier de certaines structures (zut! Les témoignages de prises en charge au CMP sont inquiétants) et préférer un professionnel en libéral qui connaît bien la problématique (€€€€ ???), il faut traiter l'hyper sensibilité (elle n'aurait pas une sœur jumelle, ma super psy?). L'écoute et la bienveillance de ce groupe me font un bien fou. Je ne suis plus seule, le combat que je mène est compris, partagé, écouté… Personne n'accuse la mère. Ils dénoncent au contraire les professionnels qui ne restent que là-dessus… Ahhhh ! Je ne suis pas folle ou de mauvaise foi ! J'ai besoin de digérer et comprendre certaines informations, mais cette réunion remet un peu de soleil dans cette période un peu sombre…

Je fais donc faire des bilans à mon fils chez une orthophoniste. Il a une écriture de cochon et ne comprend pas les consignes, je dois chercher de ce côté-là. Elle ne détecte aucun trouble dys, mais me dit qu'il cogite trop et qu'il n'a plus d'espace disponible dans sa tête pour les apprentissages.

Je fais vérifier également les « constantes biologiques ». Pas de problèmes de vue, pas de carences ou d'anomalies dans sa prise de sang. Tout cela prend du temps, de l'énergie et de l'argent pour des résultats peu probants, pour le moment.

Un test pour HP est relativement onéreux et non remboursé. Il faut compter entre 200 et 400 €. Je ne les ai pas et je ne peux pas compter sur son père pour qui c'est aussi une « mode » d'être précoce. Lorsque le 1er rendez-vous avec le CMP arrive enfin, je leur demande de faire faire ce test. Pour le pédopsychiatre, ce n'est pas l'urgence (j'entends donc qu'il n'est pas contre, mais que cela sera fait plus tard). L'important pour lui est de stabiliser la dépression et son envie de mettre fin à ses jours (bah ! ça ne fait que quelques mois que j'attends que vous traitiez cette urgence vitale, cher Monsieur !). Il propose un traitement médicamenteux à mon fils pour l'aider à passer cette phase difficile, traitement qu'il refuse, car « papa a dit que ce n'était pas bon ! ». Il met en place un calendrier de rendez-vous pour suivre mon fils de façon intensive dans un premier temps (yesssssss !) avec une rencontre tous les 15 jours, sauf en cas de vacances scolaires, de réunions, de maladie, de formation… soit l'équivalent d'une dizaine de rencontres par an (soupirs !!!). Il refuse que mon fils reprenne le chemin de l'école pour le moment et prend contact avec l'établissement (haaaa !). Il ne m'adresse pas la parole pendant le rendez-vous et ne répond pas à mes questions, car son patient, c'est l'enfant, pas moi (re soupirs !!!). Après quelques séances, il m'annonce fièrement le fruit de son travail : mon fils est trop sensible (sans déconner ??? pfff…) et propose des ateliers de psychodrames. Ce sont des séances animées par des psychologues qui, sous forme de jeux de rôles, font jouer aux enfants des scènes où ils doivent exprimer leurs émotions. Ils prennent ainsi conscience de celles qui sont trop fortes, « sur-jouées » et apprennent comment il est raisonnable de réagir face à certaines situations (mouais…). Ça ne se mettra en place qu'après les vacances de je ne sais plus quand, car il faut constituer le groupe (hum ! ça pue !).

Entre-temps, mon fils a commencé un SAPAD avec son accord et celui du pédopsy. Ce sont donc des cours particuliers avec un enseignant choisi par l'enfant. Il faut un peu de paperasse et surtout trouver un enseignant volontaire. Ce sont des heures supplémentaires pour les profs et ils ne sont pas tous partants. Celui choisi par mon fils, un prof de techno, est d'accord. Il a connu la phobie scolaire avec sa nièce et comprend la bienveillance nécessaire pour que cela se passe bien. Mais ça ne sera pas à domicile, car ils ne sont pas payés pour les temps de trajet. Ce sera donc dans l'établissement. Mon fils a développé une phobie sociale. Il ne sort plus de la maison, même pour acheter du pain ou aller voir des copains. Voilà donc une nouvelle épreuve pour bibi : le mener au collège ! Je l'accompagne là-bas, mais arrivé devant, en voyant les autres enfants devant la grille du collège, il est pris d'une crise de panique, suffoque et part en courant. Je lui cours après, le rattrape et tente de le calmer. Je dois trouver les bons mots, parler doucement, ne pas lui montrer mon stress qui commence à monter. Je parviens à le rapprocher du collège, mais il se cache derrière l'abri de bus qui est juste en face du portail, complètement tétanisé, et ne veut plus bouger. Son professeur, qui nous attendait à l'entrée de l'établissement, comprend qu'il y a un problème et nous rejoint derrière l'arrêt de bus. Il félicite mon fils d'avoir réussi à venir aussi près de l'école et le rassure en lui expliquant que tant qu'il y a des élèves devant ou dans la cour, on ne bougerait pas d'ici et que, s'il le souhaite, je peux l'accompagner en cours. Il pourra partir 5 minutes avant la sonnerie pour éviter de croiser des gens à la fin du cours. Lorsqu'il n'y a plus personne en vue, il propose d'essayer et pose son bras sur les épaules de mon fils. Je suis tellement émue par cette bienveillance ! Je vais rester assise sur une chaise inconfortable avec les genoux qui rentrent dans un bureau trop bas à observer mon fils se mettre au travail et suivre les consignes de cet enseignant si gentil. Je repense aux rencontres avec d'autres enseignants de cette école où je parlais des difficultés de mon fils et où l'on me répondait qu'en gros, je devais me débrouiller comme je voulais, mais je devais réussir à amener mon fils là où ils me le disaient… Je repense aux temps d'attente sous le préau où je voyais des jeunes filles se battre avec d'autres, s'insulter, les plus petits malmenés par les plus grands qui les poussaient, jetaient leurs cartables tandis que les pions, enfermés dans une salle ressemblant à un bocal, étaient au téléphone ou à discuter avec d'autres élèves… Je suis dans cette salle qui est triste, austère. Le mobilier est ancien, les rideaux sont moches et abîmés. Il y a des grilles sur les fenêtres de cette salle en rez-de-chaussée qui donne sur la rue. Les néons me brûlent les yeux. Les ordinateurs ressemblent aux premiers minitels tellement ils sont vieux. Le prof a essayé de décorer sa salle avec des maquettes d'élèves et quelques affiches, mais le lieu manque cruellement de chaleur. Pendant une heure, je vais me mettre à la place de mon fils. Est-ce que je serais heureuse de venir entre 6 à 8 heures par jour dans ce lieu où l'endroit récréatif ressemble à une jungle, où les lieux dédiés aux apprentissages dégagent autant de chaleur que le pôle Nord et où une partie des adultes avec qui je dois échanger ont l'empathie d'une moule ? Est-ce que je trouverais la motivation, tous les matins, de prendre les transports bondés pendant 45 minutes pour rejoindre cet endroit ? Est-ce que quelques adultes sympathiques et quelques copains avec qui je ne partage pas tant de choses que cela seraient suffisants pour me donner l'envie de surmonter tout le reste ? Je n'en suis pas sûre…

Je me souviens des paroles du professeur principal à la réunion de rentrée avec tous les parents : « L'entrée en 6ᵉ est un grand virage, un grand changement ! L'enfant va devoir s'adapter. » Bien sûr, on va lui laisser du temps pour absorber tous ces changements, mais les parents doivent être vigilants et veiller à une meilleure autonomie de leur progéniture. Il pourra oublier une fois son carnet de correspondance, deux fois même, mais après, il sera refusé en cours. Ils ne veulent pas de dérapages et les parents devront en être garants. Et puis, c'est important de se mettre au travail tout de suite, car, même si c'est loin, « LE » brevet des collèges se prépare dès maintenant ! La suite de la réunion n'est qu'une présentation du mode d'emploi à suivre par les enfants et les parents pour que tout se passe bien. À cette réunion, je me sens comme une petite fille qui doit obéir à l'adulte sans réfléchir… Un jeu de « Jacques a dit » où celui qui ne respecte pas les consignes a perdu ! La réunion se termine avec l'annonce que cette année, il n'y aura pas de voyage en Angleterre de prévu, car il y en a déjà eu un cette année. Lorsque les parents ont le droit de parole, beaucoup expriment leur déception concernant l'absence de voyage. On leur explique que c'est trop lourd à organiser tous les ans, c'est beaucoup de travail pour les profs qui partent, mais aussi pour ceux qui restent et qui doivent gérer ceux qui n'ont pas pu assister à cette aventure. C'est aussi beaucoup de déception et d'injustice pour nos enfants, mais quoi que nous disions, nous savons que cela ne changera rien. Je demande ensuite pourquoi mettre la pression pour le brevet des collèges dès la 6ᵉ. On me regarde comme si j'avais dit un gros mot ! On ne comprend pas ma question. Je développe en expliquant que j'ai fait passer de nombreux entretiens d'embauche dans ma carrière professionnelle, et que jamais, mais alors vraiment jamais, un CV ne mentionnait ce brevet ou qu'il en était question durant l'entretien. Donc, pourquoi, dès la 6ᵉ, leur parlait-on de ce brevet comme si toute leur vie allait en dépendre, alors que tout le monde s'en fiche ? Mon intervention déclenche une approbation bruyante d'une grande partie de l'assemblée déjà bien remontée par le non-voyage en Angleterre. On m'explique que c'est important pour valider l'ensemble des acquis de ce cycle et de préparer les enfants aux conditions d'examens du bac. Ah oui, effectivement, je me suis trompée... on met aussi la pression pour le bac ! La maman à mes côtés me dit « ça ne rigole pas ! ». C'est clair ! Je sors stressée de cette réunion et avec l'envie de hurler sur mon fils « AU TRAVAIL !!! », mais je suis tout de suite rattrapée par de la tristesse... Et là, dans cette classe, elle me revient ! Où est le positif ? L'envie ? Le sens ? Je comprends ce que peut ressentir mon fils. À sa place, moi non plus, je n'aurais plus envie de venir ici ! Et à sa place aussi, je serais déprimée en imaginant qu'après, la vie active ressemblera à cela... un travail par nécessité, un rythme métro-boulot-dodo dénué de sens, pour ses besoins primaires et quelques loisirs. Le jeu en vaut-il la chandelle ? Cette angoisse, mélangée aux difficultés avec son père, explique son profond mal-être. Je le comprends, le ressens... et je suis dans les mêmes interrogations depuis mes années collège, moi aussi. J'ai réussi, avec des hauts et des bas, à surmonter tout ça. Comment l'aider à y parvenir ?

Les 2 heures hebdomadaires de SAPAD se déroulent de mieux en mieux. Ma présence en classe n'est plus nécessaire, le trajet est de moins en moins compliqué, les rentrées au collège aussi. Mon fils est content de se dépasser, de réussir... Avec la complicité de son professeur, il reprend contact avec ses copains de classe qui l'encouragent, le soutiennent, l'invitent à des anniversaires. Il est super content, en parle pendant des jours, puis, le moment venu, les angoisses reprennent. Il ne sait pas s'il veut y aller, s'il peut dormir là-bas, comment il va gérer ses crises d'angoisse... Je le rassure, si cela ne va pas, je viens le chercher à n'importe quelle heure. Il réussit à assister à ces anniversaires, mais ne peut pas y rester longtemps. Comme lorsqu'il revient de son cours, il est épuisé, comme s'il avait puisé dans toutes ses réserves pour fournir cet effort. Mais petit à petit, vraiment très lentement, les choses évoluent. Le SAPAD se transforme en PAI (Projet d'Accueil Individualisé : un emploi du temps aménagé). Les heures sont peu nombreuses au début, mais en classe avec le reste des élèves. Mon fils choisit évidemment les cours dont il a le plus d'affinités avec les profs. Des consignes sont données aux enseignants : il ne faut pas l'interroger s'il ne lève pas la main, il n'a pas de devoirs ni de contrôles... En cas d'angoisses, il peut se réfugier à l'infirmerie. Tout est prévu pour qu'il y retourne avec le moins de pression possible. Et la bienveillance paye ! Il augmente tout seul son temps de présence en classe. Mais après tous ces efforts collectifs et ces résultats positifs, une prof d'anglais va le refuser en cours parce qu'il arrive un jour avec 2 minutes de retard, car il était à l'infirmerie. Tout s'écroule... Il faut tout recommencer ! Il n'ira plus jamais en anglais ! Puis, quand tout redevient presque à la normale, c'est le prof de maths qui va lui dire devant toute la classe qu'il ne connaît personne d'aussi mauvais en Maths que lui. Il s'excusera pour cette maladresse, mais le mal est fait, et il faut reprendre tout depuis le début.

Puisqu'il est chez moi à temps plein depuis sa tentative de suicide, le chantage affectif de son père s'est transféré maintenant sur la garde alternée. Avant, il faisait culpabiliser son fils pour qu'il aille à l'école, et maintenant, c'est pour qu'il vienne chez lui… Alors que je passe mon temps à essayer de déculpabiliser mon fils de cette situation, son père passe son temps à le supplier de venir chez lui. J'ai beau lui expliquer que c'est contreproductif et que cela fait l'effet inverse, il insiste et ne cesse de dire qu'il est malheureux, qu'il fera des efforts et que sa femme a promis de faire attention. Il lui trouve toujours toutes les excuses, les règles, la pré ménopause, la ménopause, la gastro, le rhume, le manque de sommeil, etc. Sa photo peut illustrer toutes les pages de Doctissimo ! Comme disait ma mère, elle a toujours un trou qui fait du vent ! Mon fils est déchiré. Il fait des tentatives, revient dégoûté, puis recommence à culpabiliser. Je passe mon temps à le faire relativiser, à l'encourager, à lui changer les idées… Il est devenu le centre d'intérêt de la maison. Ma fille grandit un peu toute seule. Son frère prend beaucoup de place et la compassion de ma grande pour son frère se transforme peu à peu en agacement. Elle, qui a réussi à sortir seule de tout ça, a de plus en plus de mal à le supporter. L'ambiance à la maison est une alternance de moments très beaux, solidaires, puis de moments très tendus.

Des mois se sont écoulés, j'ai l'impression que ce sont des années. Les choses avancent, puis s'écroulent. Et on recommence. Tout est lent ! Les soins, les progrès… Je suis épuisée. Arrêter l'école et l'inscrire au CNED (Cours par correspondance) comme le font beaucoup de mamans de l'association, je ne peux pas. Je n'ai plus l'énergie de porter ça. Je n'ai pas la force de le pousser à se mettre au travail, à l'aider aux devoirs, à être jugée pour ce choix, à le sortir d'un cadre qui me semble bien, même si pas idéal, pour lui. Je suis devenue « emmerdophobe » ! Je ne supporte plus rien, je n'ouvre plus ma boîte aux lettres de peur d'y trouver des choses à gérer, je n'écoute plus mon répondeur, je ne réponds pas aux numéros inconnus. Je fais ma « Cahuzac », avec ma phobie administrative. Ce n'est pas de la charge mentale, mais de la surcharge mentale ! De celles qui nécessitent un convoi exceptionnel pour leurs déplacements ! Je veux juste qu'on me foute la paix !

Je mets un terme à ma relation en cours au bout de 3 ans, même si depuis quelque temps, elle ne ressemble plus à grand-chose. J'ai fini par comprendre que cet homme était un pervers narcissique manipulateur. En plus de ce tsunami chez mon fils, je dois gérer cette histoire destructrice. Je ne suis pas parfaite, mais j'essaie d'être quelqu'un de bien et rien ne fonctionne, tout part en sucette !

Je n'ai pas le droit de craquer, je consulte un énième psy pour essayer de passer ce cap, d'y voir plus clair. Je préviens cet homme que je suis une enfant placée puis adoptée, que j'ai déjà travaillé sur tout cela des milliers de fois et que, si à la fin de la séance, il prononce les mots peur de l'abandon ou dépendance affective, je lui colle direct un coup de pelle. Je lui dis également que s'il est un adepte de Freud et qu'il me renvoie chez mes mères à chaque fin de phrase, je préfère ne pas commencer. Il explose de rire et me dit : « Je crois déjà savoir pourquoi vous êtes ici ! » Ah oui ? Je l'appelle Lupsy Luke, l'homme qui psychanalyse plus vite que son ombre ! Il est mort de rire. Ça me rassure… les autres étaient tellement distants, froids, parfaits pour jouer au poker, mais nuls pour inspirer confiance. Je ne lui raconte pas ma vie, je la lui vomis… mon ex-mari, mon fils, mon pervers narcissique, mon ennui au travail depuis toujours, mes amis qui ne sont que des bouts d'amis… un débit de paroles que je ne peux plus arrêter au milieu d'un flot de larmes incessant. Il me file des mouchoirs en papier qui terminent en boule à mes pieds. Au bout de 45 minutes, il dit : « Bon, maintenant, ça suffit ! » Il m'imite avec une voix larmoyante : « Snif ! Je suis gentille et tout le monde il est méchant ! Snif, je fais tout bien comme il faut et personne il est gentil ! Snif, snif, snif ! » Je m'arrête instantanément de pleurer ! Je suis tellement choquée que je me mets à rire ! Ce moment est irréel, impossible ! Il reprend : « Je suis désolé, je voulais que vous arrêtiez de pleurer et je savais que ma technique allait fonctionner ! J'en sais assez pour confirmer mon intuition de début de séance ! Votre problème, c'est votre intelligence ! » C'est sûr que je me sens intelligente, là, tout de suite ! J'ai du rimmel jusqu'au cou, les pieds enterrés sous une pyramide de mouchoirs, un psy qui se moque littéralement de moi, c'est vrai que je suis plutôt convaincue par cette explication ! J'ai une énorme envie de pleurer qui remonte, mais hors de question que je lui offre ce spectacle ! Il me tend un mouchoir comme s'il savait et me dit : « Je vous promets, Madame, tout ce que vous me racontez, c'est à cause de votre intelligence ! Si vous comprenez cela, vous n'aurez plus jamais besoin de consulter. Cherchez de ce côté-là, c'est la clef ! Si j'ai raison, et je sais que c'est le cas, nous n'aurons pas besoin de nous revoir. » En même temps, après un tel discours, je ne prendrais pas le risque de revenir, il finirait par penser que je suis conne ! Pourtant, son discours résonne avec l'ensemble de mes lectures sur les PN. Comment le croire après toutes ces expériences ? Et toutes celles d'avant que je vous épargne ! Je ne dois pas rester sourde à cette piste qui me revient sans cesse depuis quelque temps pour mon fils comme pour moi, l'intelligence… Et comprendre !

RETOUR À LA RÉUNION :
HAUT POTENTIEL

Retour donc à cette conférence où l'organisateur nous remercie pour ces présentations. Il nous demande d'accueillir les paroles et les émotions de chacun sans aucun jugement et avec bienveillance. Il précise que des mouchoirs sont à disposition si besoin et qu'il ne faut pas retenir les larmes qui pourraient arriver. Qui aurait envie de pleurer en découvrant qu'il est intelligent ? Moi, probablement, vu que le mot de passe de mon ordinateur est « Vie de Merde » ! Avoir une vie aussi pénible avec le QI d'Einstein me ferait quand même bien mal ! Peut-être que c'est l'inverse et que les mouchoirs sont pour ceux qui pensent être HP et qui découvrent qu'ils ont un QI de poule ?

Il se poste devant un *Paper Board* et nous demande de lui donner les mots qui nous viennent à l'esprit, sans trop réfléchir, pour définir comment on se sent dans nos vies, nos ressentis sur notre place dans ce monde en général. Le premier mot sort timidement de la bouche du garagiste :

— Extraterrestre.

Les autres mots fusent ensuite de la part de tout le monde, lui laissant à peine le temps de noter ; une vraie mitraillette de vocabulaire qui me laisse bouche bée :

— Différent, décalé.

— Solitude, seul, même au milieu des autres.

— Rêveur.

— Procrastinateur.

— Perdu, ne sachant pas qui il est.

— Multi masques, impression de porter des costumes, imposteur.

— Problèmes de concentration.

— Insomnies, angoissé, fatigué, beaucoup de questions sur le sens de la vie, des choses.

— Passionné.

— Généreux, gentil.

— Compréhensif, empathique.

— Manque de confiance en soi.

— Déprimé, dépressif.

Etc.

La liste est longue, même si certains mots sont redondants. Je suis étonnée de me reconnaître dans chacun d'entre eux. Je ne vois pas où il veut en venir, mais il a capté toute mon attention.

Il explique qu'il reviendra ultérieurement sur ces mots, mais qu'il a un exercice à nous proposer. Il nous projette une image du Code de la route. C'est une image assez classique : la voiture que l'on conduit est arrêtée à un stop devant une route traversante. En face, il y a un sens interdit avec des places de stationnement en arrière-plan. À droite, du panneau sens interdit, on devine un demi-rond-point. En dessous, la question : « Je peux aller me stationner en face ». Il nous demande de noter les réponses que l'on donnerait si l'examen permettait de les écrire. J'écris quelques phrases qui me semblent évidentes :

« Oui, techniquement, on peut, puisqu'il y a déjà des voitures qui sont stationnées. Donc c'est possible. »

« Dans un parking, on se gare. Il y a écrit "Parking", donc on peut se garer. »

« Oui, il suffit de tourner à droite, puis à gauche pour se trouver sur la route qui est en face. »

« Oui, mais ça ne sert à rien, le parking est complet. »

Il nous demande de nous arrêter et lance une seconde image. La même que la précédente avec, cette fois-ci, les réponses proposées pour l'examen :

« A – Oui »

« B – Non »

Il nous invite à noter la réponse que l'on choisirait un jour d'examen. « B », évidemment !

Une troisième image propose deux colonnes :

À droite, les réponses libres recueillies auprès de plusieurs HP : toutes disent oui, on peut. Mes réponses sont dans la liste, ainsi qu'une autre plutôt rigolote : « En marche arrière, ça se discute. »

À gauche, la réponse attendue pour obtenir son code : « Non ».

Voilà ce que fait un cerveau de HP à longueur de journée : il a une compréhension différente, mais est obligé de lutter contre ce qu'il est pour donner la réponse attendue par la société et obtenir son code de la route. Cette gymnastique, complètement inconsciente et automatique, qui va à l'encontre de ce qu'il est, se fait tout le temps, sur tous les sujets, dans toutes les situations. Il s'adapte en permanence pour être celui que l'on attend et lutte contre celui qu'il est réellement. Il manque donc cruellement de confiance en lui, car les réponses qui lui semblent logiques ne sont pas celles qui sont validées par le reste du groupe, et s'épuise à être dans la sur-adaptation.

Je sens que les larmes me montent aux yeux. Cala résonne tellement chez moi, cette impression.

Il enchaîne avec de nouvelles explications : dans la croyance collective, le Haut Potentiel est un petit génie qui fait de brillantes études ou qui exerce un métier important. La réalité est complètement différente, puisqu'un HP sur deux connaît des difficultés scolaires (élève moyen ou mauvais) et/ou une grande difficulté à s'épanouir une fois adulte dans son métier. Un tiers ne va pas jusqu'au bac.

Une fulgurance de la pensée

Être HP, c'est d'abord une fulgurance de la pensée, avec des neurones qui vont trois fois plus vite que la moyenne. Cela a été prouvé à l'imagerie médicale. En même temps que des photos d'IRM s'affichent sur l'écran, il explique qu'à question égale, à délai égal, le nombre de neurones activés, représentés par des petits points bleus sur l'image, est trois fois plus élevé sur le cobaye HP que sur le cobaye normo pensant.

Il enchaîne avec une autre photo montrant les résultats de ce même test sur deux cobayes HP :

Sur l'un, la répartition des points bleus est répartie de façon équilibrée entre la partie droite et la gauche du cerveau.

Sur l'autre, c'est la partie droite du cerveau qui est beaucoup plus animée.

La science apporte donc une explication sur les 50 % de HP qui vont plutôt bien : l'équilibre des zones sollicitées permet de maintenir un équilibre émotionnel. Pour l'autre moitié, c'est la zone des émotions, de l'intuition, de la vision globale, de la compréhension des expressions communes, métaphores et sous-entendus, de la création et des aptitudes spatio-temporelles qui s'active beaucoup plus, avec une compensation moindre de l'hémisphère gauche, dédié, lui, aux compétences logiques, rationnelles, séquentielles, analytiques et au langage.

Je n'avais jamais mesuré ça. Ou plutôt analysé ça sous cet angle. Et comme mes enfants sont pareils que moi, ça ne m'a pas sauté aux yeux. Mais il est vrai que ça va vite et que je devine rapidement ce que les gens essaient de m'expliquer, bien avant qu'ils n'aient terminé leurs explications. Idem pour les films, les livres… je « m'auto-spoile » ! Et avec les enfants, nous ne finissons jamais nos phrases lorsque nous parlons et, pourtant, nous nous comprenons, ce qui nous fait beaucoup rire ! Côté émotions, nous sommes bien dotés, effectivement, dans la famille. Dire que nous sommes tous sensibles serait un moindre mot ! J'ai toujours mis ça sur mon enfance un peu particulière, et pour mes enfants, sur le divorce et ce qu'ils ont vécu avec leur père. Je réalise que mon manque de confiance en moi a peut-être étouffé tout cela. Et pire, il m'a empêché de voir ça chez mes enfants, comme s'il était complètement impossible que, moi, je fasse des enfants comme ça. C'est tellement triste…

Une pensée en arborescence

Le normo pensant a une pensée dite linéaire, c'est-à-dire à réfléchir en établissant des listes déroulantes. Il va partir du point A pour aller au point B, puis C, et ainsi de suite.

Le HP, lui, a une pensée en arborescence, dite également analogique. C'est-à-dire que d'une idée centrale vont partir, comme un feu d'artifice, une multitude de réflexions, de mots, de couleurs, de sons, de formes, tous reliés entre eux. Ainsi, lorsqu'il s'explique, le HP est un peu brouillon dans sa présentation. Il pense dans tous les sens. Rien ne lui échappe et il traite toutes les informations de manière globale, en même temps.

À une question posée, le HP va scanner simultanément tous les scénarios possibles. Chaque scénario va lui-même se subdiviser en un nouveau scénario via un nouveau scan vers de nouvelles pensées ou idées, et ainsi de suite, à l'infini. Il emprunte une multitude de chemins en même temps, sans en privilégier aucun qui peut le mener très loin de son point de départ. C'est ce qu'on appelle un déficit d'inhibition latente, c'est-à-dire une difficulté à filtrer les informations secondaires. Des idées opposées se relient grâce à des connaissances sans lien forcément avec le sujet d'origine. Cela fait naître des idées très créatives ou former une intuition fabuleuse. De ce fait, le HP donne des réponses très surprenantes qui vont dérouter les autres.

Dans le cas de la photo du Code de la route, la pensée en linéaire va orienter le sujet vers la recherche d'indices. Le panneau de sens interdit va stopper la réflexion et aider à trouver la réponse : « Non, c'est interdit d'aller se garer en face. » La pensée analogique va analyser tous les détails de la photo et du texte en même temps en essayant de créer un lien logique entre toutes les pensées. Il va associer le mot pouvoir avec l'image du parking, en conclure que l'on peut, et trouver toutes les solutions possibles. Et comme elles existent, sa réponse va être : « Oui, on peut se garer en face. » Il aurait fallu préciser dans la question « est-ce que je peux me garer en face en empruntant le sens interdit ».

Il est vrai que lorsque je fais les devoirs avec mon fils, ce n'est pas qu'il ne comprend pas la consigne des exercices, c'est qu'il l'interprète autrement. Mon travail à ses côtés est de reformuler la demande pour qu'il puisse la traiter. Je comprends ce soir que je sers inconsciemment de traductrice, en quelque sorte. Il est vrai aussi qu'il a un côté « brouillon ». Dans tout ce qui est rédactionnel, les idées sont mélangées, sans enchaînement logique, et je l'aide à structurer. Je fonctionne exactement de la même manière que lui, donc je comprends, mais j'ai des outils que lui n'a pas. Reste à définir lesquels et comment les lui donner…

Je comprends aussi pourquoi tous les tests que j'ai faits pour essayer de définir mes centres d'intérêt ou les bilans de compétences n'ont jamais rien donné sur moi. À 28 ans, lorsque j'ai quitté mon appartement en région parisienne et que je me suis installée dans une maison en province, je me suis passionnée pour la fabrication de meubles. Au lieu de faire du shopping de chaussures ou de sacs à main, je courais les magasins de bricolage pour trouver les bonnes affaires et remplir mon atelier de scies en tous genres, d'établi, de rabot, etc. Je créais des meubles originaux, mais il me manquait trop de technique ! J'ai donc demandé une formation en menuiserie, mais elle devait être validée par un bilan de compétences. Pendant une semaine, je n'ai fait que tricher pour qu'au bilan, on me conseille cette formation. Mon cerveau a fonctionné comme pour le Code de la route… Qu'est-ce qu'ils attendent comme réponse pour que j'obtienne ce que je veux. Je ne suis pas partie sur cette formation, car je suis tombée enceinte de ma fille et je ne me voyais pas porter des grosses planches avec mon gros bidon. Je suis retournée ensuite en comptabilité, mon métier d'origine, par simplicité, même si je le déteste. J'ai passé ma vie à vouloir changer de job… Plus tard, j'ai donc refait un coaching pour définir le métier qui correspond à mes centres d'intérêt. Je voulais vraiment le savoir, donc je me suis concentrée pour essayer de répondre à tous les tests de façon sincère. Sauf que je ne pouvais pas répondre aux questions ! Exemple : Pour gérer telle situation, êtes-vous plutôt comme ci ou plutôt comme ça ? Gros bug !!! Je suis les deux, même les trois, car il manque une proposition, et je ne peux pas choisir ! Au bilan, la coach m'a fait refaire tous les tests, car les résultats étaient inexploitables. Mais cela n'a rien changé. Elle a appelé le big boss en renfort qui a juste dit : « Je ne sais pas quoi dire ! Je n'ai jamais eu de cas identiques en 10 ans de carrière ! » Voilà ce que ça donne si je suis moi-même ! Et dans ce cas, je me sens plutôt nulle qu'intelligente. Mais toutes les explications de ce soir me font comprendre pourquoi… Je ne suis pas neuneu, je suis différente.

L'ensemble de ces fonctionnements particuliers occupe beaucoup « d'espace » dans la tête, fait sauter d'une idée à l'autre et ne laisse jamais le cerveau au repos. Il fonctionne en permanence comme le tambour d'une machine en mode essorage, vite, où tout se mélange et sans arrêt. Il brasse sans cesse des informations. C'est épuisant, rend l'endormissement difficile et empêche toute notion de « paix ».

Petit, lorsque j'allais le coucher, mon fils enchaînait les questions. Elles n'avaient aucun lien les unes avec les autres et sortaient de nulle part à la vitesse d'un cheval au galop. « Comment est fabriquée la pluie ? Qu'y avait-il sur la Terre avant les dinosaures ? Qui a inventé la pizza ? Est-ce qu'à la préhistoire, le traîneau du père Noël était tiré par des tyrannosaures ? » Il avait les yeux grands ouverts, pas disposé du tout à s'endormir ! Et comme sa sœur était pareille au même âge, je pensais que tous les enfants faisaient la même chose pour retarder le moment de la séparation avec la mère. Sûrement à cause d'une lecture d'un de ces bouquins qui expliquent comment être une mère parfaite !!!

J'ai moi aussi beaucoup de difficultés à m'endormir. Je cogite des heures dans mon lit et ne parviens pas à mettre mon cerveau en mode off ! Les pensées partent dans tous les sens, je revis des scènes de la journée en imaginant comment elles se seraient déroulées si j'avais dit ou fait autrement, je me souviens d'un mot entendu dans la journée dont j'ai besoin de comprendre le sens, là, tout de suite, maintenant, et cherche sur mon téléphone, me retrouve une heure plus tard à lire des trucs qui n'ont rien à voir, me projette dans des situations improbables... Même mes rêves sont bordéliques ! Impossible de les raconter lorsque je m'en souviens, tellement il y a trop de trucs ! Le matin, un collègue vous dit qu'il a rêvé qu'il faisait du bateau, qu'il a cherché la signification, et que comme l'eau était calme, c'est signe de réussite... moi aussi, j'ai rêvé de bateau, c'est rigolo ! Sauf que le mien volait dans les airs, était attaqué par des trolls postés sur les remparts d'une cité médiévale, je devais souffler de toutes mes forces dans les voiles pour le maintenir en l'air, mais des moineaux multicolores n'ont rien trouvé de mieux que de venir se reposer sur mon bateau qui a coulé et je me suis réveillée en sursaut et en sueur en sentant les mains des monstres m'attraper ! Et je me souviens de tous les détails ! Je pourrais dessiner la cité, les monstres, tout !!! Il faut 10 ans pour interpréter ce rêve !

Je suis scotchée par cette présentation, mais l'animateur n'en a pas fini avec moi ! Il précise que, souvent, les HP ont une hyperesthésie, c'est-à-dire qu'un ou plusieurs sens sont surdéveloppés. Ils ne vont pas supporter certaines matières, certaines lumières, bruits, odeurs... ce qui gêne leur concentration.

Eh bien, voilà pourquoi mes enfants et moi-même sommes difficiles avec les vêtements. Il ne faut pas que ça gêne, que ça serre, que ça pique... Je mets des heures à habiller les enfants le matin : pas ce pantalon, il me gêne à l'arrière des genoux quand je m'assois, pas ces chaussures, ça appuie sur l'os de ma cheville et je n'aime pas... Je dois mettre des slips par-dessus les collants de ma fille pour que l'entrejambe ne la dérange pas... C'est un cauchemar. Mais je ne dis rien, je suis exactement pareil ! Mon fils détecte un gramme de champignon dans une assiette, ma fille reconnaît la moindre odeur, etc. Mais, encore une fois, je pensais que tout le monde était comme ça !

Je suis sensible au bruit et à la lumière aussi ! Enfin, sensible... le mot est faible ! Le tic-tac d'une montre ou d'une pendule, ou les doigts qui craquent, ou les gens qui mangent la bouche ouverte, ça peut me rendre dingue ! Je n'entends plus que ça et suis incapable de me concentrer sur autre chose. C'est pour moi comme le grincement de 10 000 craies sur un tableau noir, ça me fait mal ! Je suis sensible aux gens qui parlent fort, aussi, et mon timbre de voix est très bas, pour inviter les autres à prendre exemple et descendre en décibels. Je ne supporte pas non plus les éclairages au néon qui me brûlent les yeux, ou la luminosité extérieure et porte des lunettes de soleil tous les jours de l'année. Je me souviens avoir travaillé plusieurs fois en open space, une vraie torture ! Entre l'un qui mâche un chewing-gum, l'autre qui fait clic clic avec son stylo, sa souris ou son clavier, un autre qui fait couiner sa chaise et un dernier qui ronge ses ongles, le tout sous des bandes géantes de néon et un brouhaha permanent, j'ai juste envie de pleurer tellement je suis énervée. Je suis donc le bon boulet qui demande tous les jours, plusieurs fois « tu peux fermer ta bouche quand tu mastiques s'il te plaît », « Tu peux arrêter avec ton stylo s'il te plaît », « tu peux changer de chaise s'il te plaît »… Une fois, des élagueurs travaillaient dans la rue juste en bas de mon bureau. À chaque fois que la nacelle montait ou descendait, ou que le véhicule changeait de place, ça bipait en continu. Ça a duré 5 jours !!! J'étais au bout de ma vie, j'avais les nerfs à vif ! J'ai appelé tous les services de la mairie pour trouver le responsable de celui-ci et lui demander d'éteindre immédiatement ce *biiiiiip biiiiiip* insupportable ! Il m'a répondu qu'il ne pouvait pas pour des raisons évidentes de sécurité et je l'ai supplié de faire venir travailler 50 hommes supplémentaires pour que le travail soit terminé en 2 heures au lieu de 5 jours ! J'étais en open space, à l'époque, et je vous laisse imaginer la tête de mes collègues lorsque j'ai raccroché !!! Il faut ramer pour rattraper ça et ne pas passer pour une dingue !!!

La curiosité

Le HP a soif de savoir, mais pas forcément pour répondre à une situation précise et pas forcément pour un truc utile ! Ainsi, il lui est impossible, par exemple, de faire une recherche sur Internet sans se retrouver des heures plus tard avec 50 fenêtres ouvertes sur des sujets assez éloignés de sa recherche initiale et sans voir le temps passer. Juste parce qu'un mot va attirer son attention sur la première page, puis une image sur la seconde, ensuite un nom, et ainsi de suite...

Eh bien, voilà, je devine comment je suis arrivée à ma lecture sur le carbone 14 ! Je comprends aussi pourquoi mon fils a du mal à apprendre un poème... on cherche un mot dans le dictionnaire, mais on tombe sur une photo étrange, on lit, on en parle, on retourne au mot, on lit aussi, on retourne à la poésie.

Des facilités

Pour alimenter sa curiosité, le HP n'a aucune difficulté à apprendre des choses très éloignées de son univers. Il va avoir de grandes facilités dans certains domaines, et de grandes difficultés pour d'autres. Il faut donc que le sujet lui fasse sens, que « l'enseignement » corresponde à sa façon d'apprendre (beaucoup d'autodidactes pour pallier à ce risque) et qu'aucun des troubles associés au haut potentiel ne viennent jouer les trouble-fêtes, comme un TDA (Trouble Déficitaire de l'Attention), des DYS (comme Dyslexie, Dysphasie, Dyspraxie, etc.) et/ou une Hyperactivité.

Il est vrai que mon fils m'a bluffée lorsqu'il n'arrivait pas à se rendre à l'école et que sa vie sociale n'était que sur son ordinateur. Il a loué un serveur et créé un blog sur l'un de ses jeux favoris, est modérateur pour calmer les esprits échauffés ou virer ceux qui manquaient de respect aux autres. Il « *manageait* » des jeunes de 17, 20 ans du haut de ses 12 ans et maîtrisait un langage informatique presque professionnel. Je lui ai demandé comment il connaissait tout ça et il m'a dit qu'il avait regardé des vidéos, consulté des forums, lu des articles. J'ai compris qu'il était capable de grandes choses dès lors qu'il était passionné. Il ne me restait plus qu'à chercher par quoi… Ce soir, je m'interroge sur ce TDA. Je repense à ses bulletins de notes.

Je fonctionne également comme ça. Lorsque mon ex-compagnon a créé son entreprise dans le e-commerce, je n'y connaissais rien, ni le produit, ni le mode de vente. Mais j'ai plongé dans son monde pour en comprendre toutes les ficelles et les coulisses, pourtant très techniques.

De multiples passions

La curiosité et les facilités font que le HP a de multiples passions. Il va être entier et s'investir à fond dans les domaines qui l'intéressent. Malheureusement, ces passions vont souvent être éphémères. Une fois qu'il en aura fait le tour, il va se passionner pour autre chose avec la même ardeur que la précédente.

La passion pour l'informatique de mon fils n'a duré que quelques mois, effectivement. S'en sont suivis la musculation, le rap, la boxe… Après avoir été un repère de geek, sa chambre s'est transformée en salle de sport, puis en Bronx et maintenant en ring. Moi qui ai fourni tant d'efforts pour lui faire une jolie décoration gris béton et bleu-turquoise avec des petits rideaux assortis !

Mais impossible de le lui reprocher, vu que je fais la même chose. Petite, ma famille me trouvait instable. Je me passionne, puis me lasse… J'ai donc pratiqué le judo, la natation, la danse, le tennis, la batterie, le dessin, la pâtisserie, le djembé, la guitare, l'ufologie, le tricot, etc. Et quand je traverse une phase passionnelle, ce n'est pas à moitié ! C'est presque obsessionnel ! Mes rencontres vont d'ailleurs se multiplier en fonction de mes passions, mais lorsque celle-ci s'éteint, je me retrouve entourée de personnes avec qui je ne partage plus grand-chose. Mes relations changent au fil de mes passions, ce qui assoit encore plus une image d'instabilité.

Besoin d'intensité

Le HP ne supporte pas le tiède. C'est brûlant ou glacé, mais jamais au milieu. Il n'y a pas de gris, sinon, ça ne fait pas sens pour lui. Il s'engage parce que ça le fait vibrer et il s'engage avec intensité. C'est tout ou rien, un vrai passionné, quel que soit le domaine. En amour, en amitié, au travail, il a besoin de vivre les choses intensément. Dès lors que le tour du sujet est fait, l'intensité se meurt et il se réinvestit dans autre chose. C'est pour cela que les HP adultes ont du mal à rester longtemps dans leurs emplois et changent plus souvent que les autres. Ils s'investissent corps et âme dans un nouveau projet, puis, lorsqu'ils en ont fait le tour, se lassent, s'ennuient, s'éteignent.

Un psy de mon fils m'a dit un jour : « Il n'aime pas, il adore ; à l'inverse, il déteste. Il est toujours trop en haut ou trop en bas, il ne sait pas doser ses ressentis. Il manque probablement de repères familiaux pour connaître ce qu'il est juste d'éprouver. » Sous-entendu, « c'est de votre faute ». Et, effectivement, je pouvais penser que c'était le cas avec un ex-mari assez impulsif et moi qui déteste les conflits. Avec un parent trop « haut » et l'autre trop « bas », il lui était impossible de se construire justement. J'en ai passé des nuits à m'auto flageller et à me demander comment j'allais pouvoir réajuster cela. Ce soir, avec toutes ces nouvelles lumières, je comprends que mon fils n'a jamais eu les bons diagnostics, et moi, les bonnes réponses. Depuis 45 ans, je me crois instable, avec un cœur d'artichaut, manquant de personnalité, voire stupide, et depuis le début de la phobie scolaire, on ne m'envoie que de la culpabilité. Je suis en colère.

Besoin d'intérêt, d'aller au fond des choses, éprouver des difficultés avec le superficiel, perfectionniste

Le besoin de comprendre fait que le sujet ne lâche rien jusqu'à l'obtention de cohérence. Le besoin de sens est absolu. Tout est en lien avec ce qui a été décrit précédemment.

C'est très précisément ce qui m'a retenue auprès de mon ex-compagnon alors même que j'avais compris qu'il était PNM : le besoin de comprendre son fonctionnement, décortiquer sa logique pour essayer de l'aider à changer. Et plus j'essayais de comprendre, moins j'y parvenais. Cela n'avait aucun sens et c'était tellement impossible pour moi à accepter. Je ne parvenais pas non plus à l'idée de m'être fait maltraiter sans avoir été consciente. J'avais été une bonne personne et le résultat n'avait aucun sens. J'ai beaucoup lu sur le sujet et la phrase qui m'a aidée à le quitter c'est « il faut accepter qu'il n'y a rien à comprendre ». J'accepte ça le concernant, mais si je suis ici ce soir, c'est que je veux aller au bout des choses, pour moi et pour mes enfants.

La procrastination

Remettre à demain ce que l'on peut faire aujourd'hui est LA grande spécialité du HP. Une fois la partie intellectuelle traitée, l'intérêt passé, le passage à l'action est compliqué. La phase excitante du processus étant passée, l'envie d'agir et la motivation sont moindres. La peur de l'ennui ou le manque d'intérêt font aussi retarder le plus possible le début de l'action. Il est du coup plus souvent opérationnel et efficace lorsqu'il est au pied du mur, qu'il n'a plus le choix.

Oups ! Ils devraient mettre ma photo pour illustrer ce mot-là ! Je ne suis efficace que dans l'urgence, lorsque je n'ai plus le choix. Soit parce que ce que j'ai à faire m'ennuie et j'attends le dernier moment pour m'y mettre (mais en me pourrissant la vie tous les jours jusqu'à ce que je m'en occupe), soit par manque d'intérêt pour l'action (trouver des idées, des solutions, les planifier, j'adore... mais faire, c'est carrément atroce ! Même si c'est un projet qui me tient à cœur).

Syndrome de l'imposteur

Autodidacte sur plein de sujets, il ne se reconnaît donc aucune légitimité sur son savoir et doute de façon maladive. Il est dans le déni de tout accomplissement personnel. Il n'a pas conscience de ses compétences et de ses réalisations personnelles. Il ne peut s'attribuer ses succès et ne parvient pas à reconnaître que cette réussite n'est due qu'à lui-même. Il attribue donc les réussites systématiquement aux autres, voire à la chance s'il est tout seul.

J'ai toujours mis ça sur le compte de l'humilité, cette façon de minimiser les compliments que je reçois. Je justifie également toutes mes réussites comme si, effectivement, elles n'étaient pas légitimes. Dans les entreprises où j'ai travaillé, donner son avis sur des problèmes qui ne font pas partie de son domaine de compétences et réaliser qu'elles font sens est super perturbant. J'entame directement un travail d'auto sabotage, comme si ce n'était pas normal que ça vienne de moi. Je pensais que c'était pour ne pas blesser les autres, mais je comprends ce soir que c'est ce syndrome de l'imposteur qui est en cause.

Pour mon fils, c'est la même chose. Quand je le félicitais sur ses connaissances informatiques, il disait qu'il n'avait aucun mérite et qu'avec les tutos, c'était à la portée de n'importe qui. Ma fille, lorsqu'elle cuisine, c'est bon à cause de la recette.

Le fantasme et la frustration

Le HP vit beaucoup dans le fantasme et la projection. Beaucoup de ses idées sont vécues en rêve, imaginées. Il s'invente beaucoup de scénarios et se fait des films. Ce goût pour le fantasme crée de la frustration, puisqu'aucune de ces belles histoires ne se réalise.

Si certains chantent sous la douche, moi, je m'invente des histoires. Pareil lorsque je suis dans mon lit… je mets en scène des histoires, revis des situations de la journée en modifiant de petites choses, je joue des personnages. Dernier exemple : depuis 2 ans, je suis végétarienne. Sous la douche, je me suis interrogée sur la nourriture que je donnais à mes chats et à mes chiens et j'ai cherché une solution pour leur donner moins de viande et ne plus contribuer à la maltraitance animale. En leur achetant de la viande BIO, mais le prix est dissuasif. Il faudrait donc en mettre moins et la couper avec du riz et des légumes verts, ce qui serait meilleur pour leur santé. Mais cela m'obligerait à cuisiner, et je n'ai pas le temps. Mais je ne dois pas être la seule à me poser cette question... Je pourrais peut-être créer une boutique ? Une sorte de traiteur pour chiens et chats, avec ventes à emporter. J'imagine le magasin, avec un comptoir pour vendre différents plats BIOS faits maison (viande et poisson), des gâteaux maison en forme d'os, des glaces au jus de viande, etc. Autant ajouter des accessoires, des jouets, des paniers, des tenues, de fabrication locale et artisanale. Je pense alors aux animaux de la SPA. Je pourrais leur proposer de mettre dans ma boutique le catalogue des animaux à l'adoption pour amener en ville un bout de leur refuge très décentralisé. Je pourrais également accueillir quelques animaux dans un espace dédié de la boutique pour les aider à trouver une famille pour la vie. La boutique aurait un jardin sur l'arrière et un espace salon, où les gens intéressés par l'adoption pourraient faire connaissance avec les animaux. Peut-être une sorte de salon de thé où ils partageraient un temps privilégié avec un animal pour lequel ils auraient un coup de cœur. 1 % des ventes pourrait être reversé à de petites associations locales qui aident également les animaux. Je trouve un nom, un logo et commence à réfléchir au business plan pour définir la rentabilité du projet. Je pourrais peut-être décliner ce projet en Franchises... Puis je me rappelle le montant de mon apport pour réaliser un tel projet : zéro ! La douche est terminée, je classe ce fantasme avec tous les autres, frustrée. Il reviendra plusieurs fois dans mes pensées : au lit, au volant de ma voiture, dans les transports, en réunion lorsque je m'ennuie, et sera amélioré, précisé. Mais il sera remplacé rapidement par une nouvelle graine plantée par un détail, une rencontre, une question, un mot… Je ne peux raconter cela à personne ! Qui pourrait le comprendre ?

Le désancrage

À fantasmer ou refaire le passé, le HP n'est jamais dans le présent. Les moments difficiles le font cogiter, donc inscrire des choses dans sa mémoire. Mais les moments de bonheur ne font que passer et ne restent pas gravés. Il est souvent dans un futur éventuel et n'est donc pas ancré. Ne pas savoir capturer le présent peut amener à la déprime et accentue la recherche de sens. Son « tiroir » à bonheur ne contient que des photos floues et déséquilibre la vision de la vie.

Lorsque j'ai essayé l'hypnose pour arrêter de fumer, la thérapeute a essayé de faire associer un moment sans cigarette à un moment de bonheur intense. Pendant la séance, donc, elle me demande de visualiser le moment le plus heureux de ma vie, le plus intense. Évidemment, mon cerveau part dans tous les sens et plein de souvenirs me reviennent, mais la sensation est plutôt sympa qu'intense. Comme si l'intensité vécue avait été effacée. Je sais que c'est un moment de bonheur, je visualise parfaitement toute la scène, mais rien au niveau du ressenti. Je commence à paniquer, et zappe à grande vitesse, un à un, tous mes souvenirs. La thérapeute me demande si je suis prête pour la suite et je lui avoue que non, que j'ai encore besoin d'un peu de temps. Je transpire et mon cœur s'accélère. Je me dis que n'importe qui penserait à la naissance de ses enfants. Je sais que lorsque j'ai eu mes bébés posés sur mon ventre, c'était un moment d'une grande intensité. Je me souviens d'un amour infini qui m'est tombé dessus d'un coup, mais mon attention ne peut pas se concentrer que sur ça. C'est aussi le poids d'une lourde responsabilité, la sage-femme qui m'appuie sur le ventre, l'épisiotomie, l'inquiétude parce que le bébé a besoin de la couveuse, de petites gifles et des cris parce que je perds connaissance et une multitude de détails qui me reviennent en même temps. Je réalise que je n'ai pas pris de photos « sensorielles » de ce moment, je n'ai pas pris le temps de le savourer pleinement, avec tous mes sens, ce moment unique. Cela me rend profondément triste. La thérapeute me relance, et je lui dis que c'est bon pour moi. Je garde ce souvenir pour la suite de la séance, mais je sais que cela ne fonctionnera pas. À chaque fois que je vais fumer, je vais penser à tous ces moments de bonheur perdu. Je ne suis plus dans l'exercice avec elle et je me rallume une clope dès que je sors de son cabinet. Pas étonnant que lorsque l'on me dit que la vie est belle, c'est un « bof » qui me vient à l'esprit. Je comprends pourquoi à chaque période de dépression de ma vie, je n'arrivais pas à me raccrocher à du positif… Je suis en larmes, quel gâchis ! Attendre 45 ans pour déchiffrer tout ça, alors que j'ai consulté des dizaines de professionnels. Pourquoi aucun ne vous parle de cela ? Pourquoi on n'apprend pas cela à l'école ? C'est si simple, la clef du bonheur…

Je ne suis pas la seule à être émue. La salle est silencieuse, chacun semble être dans ses pensées et certains ont les yeux humides. Une pause est proposée et elle est la bienvenue. Prendre l'air, malgré la météo bretonne, est nécessaire. Dehors, les fumeurs échangent sur le contenu de cette première partie de conférence. Ils semblent plutôt satisfaits et comprennent plein de choses aussi, mais moi, j'ai carrément l'impression d'avoir été catapultée ! Je n'arrive pas à m'exprimer, tout ce qui sort de ma bouche est confus, mélangé, brouillon. L'animateur nous rejoint et s'inquiète de mon état. Il me rassure en me disant que cela était extrêmement libérateur de se comprendre, mais que je risquais d'être sonnée un certain temps. Je ne suis pas sonnée, je suis KO. Il me demande si j'ai déjà envisagé de passer un test de QI. Je pensais que j'étais la reine des andouilles une heure auparavant, donc, non, je n'y ai jamais pensé. Il me dit que je devrais, parce qu'il sent que j'ai encore du mal à y croire, mais que la deuxième partie devrait me convaincre définitivement. J'ai déjà le cerveau qui tourne comme une machine à laver en mode essorage, je ne sais pas comment je vais encaisser la suite… Le second round commence, nous retournons tous nous installer.

Une seconde série de caractéristiques s'affiche alors.

Un grand sens moral, de la justice, de l'équité
Un grand défenseur des causes justes

Le HP est un grand défenseur des plus faibles, s'engage pour des causes dans des associations, met son savoir-faire au service de choses qui ont du sens, milite, ne peut s'empêcher d'intervenir s'il est témoin d'injustices. Il a un grand sens du respect d'autrui, de la liberté, de la différence.

Je relève que beaucoup de gens sont heureusement comme cela et qu'ils ne sont pas tous HP. Il me précise que la différence vient du côté «hors norme» de leur ressenti et des conséquences données en raison de l'intensité et de la passion expliquées précédemment. Il me demande de lui citer par exemple la chose qui m'a le plus marquée aux informations cette semaine.

— Euhhhh… Eh bien, je ne regarde plus jamais les informations parce que ça me dévaste, ce flot incessant d'inhumanités dont on nous bombarde à longueur de journée comme si c'était normal. Je ne peux pas manger devant des images d'enfants mourant de faim à l'autre bout du monde, ou souffler sur mon infusion brûlante en regardant un documentaire sur les SDF.

Il rigole et me dit que c'est exactement de ça qu'il parle. Il me demande dans quel type d'associations je suis engagée.

— Eh bien, en ce moment, je fais du bénévolat auprès de la SPA où je vais promener des chiens le week-end, et d'une association qui s'occupe de sauver les chats errants. D'ailleurs, j'ai 5 chats et 2 chiens. Et depuis le début de l'hiver, j'ai ramené 5 hérissons à l'école vétérinaire, car ils étaient trop petits pour passer l'hiver. Lorsque je fais la dernière promenade de la journée avec mes chiens, tard le soir, si je croise un hérisson, j'ai une balance de cuisine dans mon sac à dos pour le peser. Et selon le poids, je lui donne à manger et le laisse en liberté ou le ramasse et le conduis le lendemain au sanctuaire de la faune sauvage.

Tout le monde se marre, et moi aussi en réalisant ce que je raconte. Et il me dit :

— Voilà ! C'est ça, la différence ! Personne ne promène ses chiens avec une balance de cuisine dans son sac à dos en plein hiver !

Je n'ose pas parler des oiseaux blessés trouvés dans la rue emmenés à la clinique vétérinaire, de la récolte de matériel que j'ai lancée sur les réseaux sociaux pour qu'un couple de SDF à la sortie de la boulangerie puisse être protégé du froid, de moi petite qui prenais toujours dans mon équipe ceux dont personne ne voulait, des sacs de courses que je dépose régulièrement aux jeunes réfugiés qui squattent le centre-ville, d'un gamin dans la classe de mon fils que personne ne supportait et qui venait prendre son goûter tous les soirs chez moi jusqu'à ce qu'il me montre les bleus sur son corps faits par son beau-père et que je l'encourage et l'accompagne à parler aux personnes qui pouvaient l'aider, etc.

Je n'ose pas parler non plus de ma fille qui m'a ramené un chien trouvé attaché et abandonné à un arbre, de mon fils qui m'a ramené un chaton et sa mère qui vivaient sur un chantier, des amis qu'ils me ramènent à la maison parce qu'ils savent que je vais les aider, des boîtes en polystyrène que nous avons transformées avec les enfants pour faire des abris hivernaux pour les chats errants, etc.

De grandes qualités humaines, des valeurs fortes

Je ne peux retenir une mimique dubitative, mais il me voit. Il me fait un clin d'œil, en disant : « Hum ! Syndrome de l'imposteur. » Il ne développera pas plus ce point, les mots étant assez clairs d'eux-mêmes.

Ces caractéristiques provoquent chez les HP des blocages, font naître de l'intolérance, de l'intransigeance, de la colère… Ils ont du mal à comprendre ce monde et, du coup, à y participer. Cela les amène à vivre l'échec et/ou la résignation.

Je suis effectivement résignée. Je suis une humaniste utopique contrainte de vivre dans un monde qui ne me fait pas sens. J'observe tous les matins ces pauvres gens qui s'entassent dans les transports comme du bétail pour aller gagner le droit de vivre. Est-ce cela, la vie ? De confier ses enfants à des inconnues que vous payez pour aller gagner de quoi vivre et de partir deux semaines par an avec eux au camping en même temps que tout le monde ? De pouvoir s'acheter des fringues fabriquées dans des conditions épouvantables à l'autre bout du monde pour une histoire de mode ? De passer 8 h par jour enfermée dans un bureau pour se payer quelques mètres carrés dans des cages à lapins en béton au bord de la route ? D'être contrainte de faire tout cela aussi parce que l'on ne peut pas être libre dans cette société sans argent. Je rêve chaque jour de pouvoir m'enfuir et quitter ce système financier absurde. Mais c'est imposer une vie marginale à mes enfants qui, eux, seront peut-être heureux dans ce monde… Mais la phobie scolaire n'est-elle pas une manifestation de cette compréhension du système sur laquelle les enfants mettent des maux à défaut de pouvoir y mettre des mots ?

Une pensée en arborescence : une grande créativité, un sens de l'humour particulier, une grande logique et une lucidité extrême

La notion d'humour spécial fait mouche et un rire remplit la salle. Il précise qu'effectivement, le HP a un sens de l'humour un peu décalé, du 2^d voire du 3e degré. Il est le roi de la blague qui ne fait rire personne ou du jeu de mots qu'il faut expliquer. Sa grande créativité est le fruit de sa pensée en arborescence qui va l'aider à apporter des solutions originales ou des concepts créatifs.

Tout cela provoque souvent l'incompréhension des autres et, parfois, du rejet. Il nous projette la photo d'un exercice d'école. La consigne : entourer sur chaque ligne le plus petit chiffre :

1. Cinq – Vingt – Deux

2. Quatre – Douze – Trois

3. Deux – Neuf – Sept

L'enfant a entouré 1. Puis 2. Et enfin «Deux» et a obtenu la note de 1/3. Pourtant, sa réponse est logique et la consigne comprise. Il a pourtant eu une mauvaise note et sûrement un petit commentaire lui demandant de mieux lire les consignes. Il a trouvé sa note injuste, car il sait que c'est la consigne qui n'était pas précise. Il se trouve nul, aussi, car il comprend ensuite ce que l'on attendait de lui et se trouve bête. Ces différences installent des difficultés de communication et peuvent mener à la phobie scolaire ou, plus tard, sociale. Il cite la caricature du Geek, cet être associable qui ne quitte pas ses ordinateurs.

Évidemment, je pense à mon fils. En petite section, il avait été puni toute la matinée sur la chaise rouge (celle des grosses bêtises !) parce qu'il avait fait le pitre pendant la lecture d'un livre par la maîtresse. Celle-ci m'attendait de pied ferme à l'heure du déjeuner pour me raconter les prouesses de mon fils sur un ton qui me faisait bien comprendre à quel point mon fils était mal élevé. Il avait montré ses fesses à ses camarades pendant l'histoire. Lorsque je lui demande pourquoi il a fait un truc pareil, il me répond que c'est parce qu'il s'ennuyait et qu'il préférait faire rire ses copains. Comment peut-on s'ennuyer pendant la lecture d'une histoire ? Il m'explique que c'était une souris bleue qui allait à l'école avec son copain chat de je ne sais plus quelle couleur. Il me dit que des chats copain avec une souris, ça n'existe pas, et encore moins de cette couleur. Logique et lucide ! Sauf qu'en faisant ça, il s'est collé une double étiquette : d'insolent dans les yeux de sa maîtresse qui ne lui laissait plus rien passer et de clown dans les yeux de ses camarades qui l'encourageaient à les faire rire.

Tout cela entraîne une grande perte de confiance en soi. Les autres ne semblent pas partager les mêmes difficultés… le problème vient donc de nous. On se sent nul, seul, incompris. L'estime de soi se détériore.

Une vision globale, une forte connexion à la nature, une notion du tout, un attrait pour la spiritualité

Puisqu'il ne réfléchit pas en mode « liste déroulante », il n'a qu'une vision globale. Mais il voit aussi les choses sous un angle différent. Comme si son cerveau fonctionnait tel un drone. Il a conscience du tout qui est impliqué dans un processus ou un système. Une sorte de vision en 4D qui lui fait se poser des questions existentielles et spirituelles, et ce très jeune. La nature est son refuge. C'est un système qu'il comprend, car les relations entre les espèces sont authentiques, contrairement à celles des humains qui sont faussées par des jeux de pouvoir. Il s'y sent apaisé, y retrouve son énergie.

Très tôt, le HP est sujet à des questionnements profonds : pourquoi suis-je né ? Quelle est ma mission de vie ? Sommes-nous seuls dans l'univers ? Que devient notre âme après la mort ? Dieu existe-t-il ? Une quête de sens qui commence jeune et qui est source d'anxiété. La sophrologie fonctionne bien pour calmer ces esprits torturés.

Là encore, personne ne sort des clous dans la famille. Mon fils me pose des questions sur l'existence de Dieu depuis qu'il est petit. En grande section, un copain de sa classe qui était musulman lui parlait de Dieu tout le temps. Mon fils me demandait très souvent : « Maman ? Est-ce que c'est vrai que Dieu existe ? » Je lui répétais donc toujours : « Moi, personnellement, je n'y crois pas et toi, tu es trop petit pour choisir d'y croire ou pas. Quand tu seras plus grand, tu pourras étudier des livres sur le sujet et choisir si tu as envie d'y croire ou non. » Et puis l'année suivante, à un retour de vacances, son copain lui annonce qu'il s'est fait circoncire. En rentrant de l'école, il me dit : « Tu sais, maman, mon copain M, comme il croit en Dieu, il s'est fait couper un bout du zizi pendant les vacances ! » Je lui explique, en essayant de simplifier le plus possible, qu'il y a plusieurs religions, avec des rituels différents. Je lui cite le baptême ou le mariage à l'église chez les catholiques et la circoncision chez les petits garçons musulmans, que son copain a dû vivre comme une fête aussi. Il réfléchit et me redemande pour la énième fois : « Mais Dieu, il existe ou pas ? » Je redonne la même réponse : « Moi, je n'y crois pas, mais peut-être que je me trompe… Toi ? Tu as envie d'y croire ou pas ? » Ses yeux se remplissent de peur, il protège son zizi avec ses deux mains et me dit : « Non, pas trop ! » Si cette anecdote m'a fait beaucoup rire, elle montre aussi qu'effectivement, des questions de ce style envahissent très jeunes leurs pensées.

La présentation du HP se termine par un petit portrait rapide :

« C'est un électron libre : avoir un chef, suivre des règles, non merci ! »

« Il a besoin de variété et de transversalité : le linéaire et le répétitif, non merci ! »

« Il aime la créativité et la globalité : être un exécutant, non merci ! »

« Il est doué pour l'optimisation : il sait faire moins pour obtenir plus et se faciliter la vie. »

« Il a un esprit collaboratif et aime le partage : ne faire que pour soi n'a pas d'intérêt. Le troc est son idéal. »

« Il a une forte notion de transmission : il veut être utile et aider les autres. »

« Il éprouve un grand respect de la planète et développe souvent trop son côté "sauveur" : il aimerait sauver le monde. »

« C'est un créateur : il ne peut pas se contenter de ce qui existe et veut laisser une trace de son passage. »

J'ai bien fait d'avoir choisi la comptabilité !!! Rien ne me correspond dans ce métier où je m'ennuie et qui ne fait pas sens. Plus jeune, je voulais être assistante sociale pour aider les enfants de l'ASE (anciennement la DDASS) et changer le système de l'intérieur. Oui, à l'époque, je pensais naïvement qu'elles avaient ce pouvoir. En même temps, je pense que cela ne m'aurait pas convenu non plus. Recevoir des gens en détresse et n'avoir que des tonnes de dossiers à leur faire remplir pour leur apporter une aide dérisoire ou ne pouvoir que faire appliquer une procédure déshumanisée, ça m'aurait sûrement rendue dingue assez vite.

L'HYPERSENSIBILITÉ

Cela représente entre 15 et 20 % de la population. On peut être hypersensible (HS) sans être haut potentiel et inversement. Mais tous les HPE (Hauts Potentiels Émotionnels – ceux avec un fonctionnement de l'hémisphère droit du cerveau plus actif) le sont.

Les personnes HS ont des traits communs avec les HP :

« L'hyperesthésie : perception intense des stimuli (ouïe, odorat, etc.). »

« L'hyper empathie : c'est-à-dire une compréhension extrêmement fine des sentiments et des émotions des autres. Il perçoit l'autre. »

« L'hyper émotivité : ce qui déclenche une petite vague chez les autres provoque chez lui un véritable tsunami émotionnel. »

« L'hyper mémoire émotionnelle : un son, une odeur, un goût peut lui faire revivre une situation très ancienne avec une grande précision. »

« Un grand besoin de se ressourcer : un besoin d'isolement, de calme, de nature pour s'apaiser. »

Comme pour le thème précédent, il nous décline les caractéristiques des HP-HS qu'il qualifie de talents.

Une grande facilité à créer des liens sociaux de grande qualité

Puisqu'il décrypte les autres, il lui est facile d'enfiler inconsciemment un costume pour devenir ce que l'autre attend. C'est un imposteur bienveillant, un séducteur sincère. Tout le monde porte des masques, mais lui, c'est tout le temps et de manière incontrôlée, pour l'intérêt de l'autre. Comme il est le grand défenseur de la veuve et de l'orphelin, il va plutôt s'orienter vers des personnes avec des profils de « victimes ». Et comme il est sauveur, il ne pourra s'empêcher de les aider. Et pour y parvenir, il enfilera le costume qui lui sera utile pour réussir.

Conséquences : c'est une éponge et il va ajouter à ses propres angoisses, déjà nombreuses, celles des autres. Cela va aussi exacerber sa sensibilité à l'injustice.

De plus, à force d'enfiler des « costumes », il n'est jamais reconnu pour ce qu'il est vraiment. Il ne parvient pas à savoir qui il est, d'ailleurs. Il se sent donc très seul au milieu de ses rôles.

Le sentiment de solitude vient aussi du fait qu'il sent que les autres n'ont pas cette même lecture. Il comprend tellement les autres alors que l'inverse n'est pas vrai.

Tout cela va le mener à de grandes remises en question, à de grands questionnements, voire à la dépression.

Cela résonne avec mes questionnements sur mes amitiés en début de conférence. Il m'est effectivement facile de créer des liens sociaux. Ils sont de grande qualité ; mais peut-être plus pour eux que pour moi, car, au fond, je ne sais pas qui je suis. Je suis cachée derrière les petits bouts que j'ai absorbés de chacun. Je n'ai pas d'amis d'enfance, comme certains. J'entretiens des relations presque fusionnelles au début, mais ce sentiment de solitude apparaît tôt ou tard et la relation s'éteint doucement. Ai-je été une seule fois authentique ? Ai-je une fois respecté les autres, ou me suis-je juste une fois respectée ? Je viens de mettre le doigt sur un nouveau gâchis. Je fonds en larmes.

Un grand sens de la justice, de l'analyse des menaces, un côté « ange gardien », un leadership naturel

Comme déjà évoqué précédemment, le sens de la justice est une notion très forte chez le HP et sa réflexion en arborescence va lui donner une lecture assez fine des scénarios possibles et donc des menaces. L'hypersensibilité va accentuer ces capacités, un peu comme une intuition. Cette hyper conscience va donc le positionner comme un « Ange Gardien » qui va donner l'alerte. Il va militer, changer ses comportements. Convaincu, documenté, il va expliquer ses choix avec passion et avec une vraie crédibilité qui va lui donner un leadership naturel.

Un exemple assez courant est une modification du régime alimentaire : ils vont devenir végétariens, manger bio par respect de la Terre, de la souffrance animale, de leur corps. Les lectures et les recherches qu'ils vont effectuer sur ce sujet vont leur faire prendre conscience de l'urgence à modifier notre comportement, notre façon de consommer, et exacerber leur conscience d'un système économique incohérent. Cela va s'étendre à l'industrie pharmaceutique, vestimentaire, automobile, etc., et modifier radicalement leur façon de vivre. Il demande qui est végétarien dans la salle. Les trois quarts lèvent la main dans un grand silence, abasourdis.

Lorsque j'étais enfant, je posais beaucoup de questions à mes parents au sujet de la viande : comment était mort l'animal ? Qui les tuait ? Est-ce qu'ils souffraient ? Est-ce qu'un poisson qui sortait de l'eau ressentait la même chose qu'un homme qui se noie ? Évidemment, mes parents m'endormaient avec des histoires que j'avais envie d'entendre… Et comment remettre en cause les paroles des adultes en qui tu as confiance ? Ces questions se sont ensuite effacées, comme si derrière chaque barquette de viande ne se cachait aucun animal. De la viande ou du poisson à tous les repas, des produits laitiers, des plats préparés, des sodas… sans savoir d'où ça venait, ce qu'il y avait dedans. Un scandale sur de la viande de cheval retrouvée dans des plats d'une marque assez connue a fait remonter toutes ces questions infantiles. J'ai fait des recherches sur les conditions d'élevage et d'abattage. Un véritable choc ! J'ai continué avec les sodas, leur contenance en sucre, en produits chimiques et les conséquences environnementales dans certains pays. Puis les pâtes à tartiner à l'huile de palme et leurs impacts sur le corps et sur les forêts. Je suis devenue végétarienne par envie de boycotter, pour commencer. Puis mes recherches se sont portées sur les valeurs plus diététiques, mais aussi «politiques», comme le *lobbying* du sucre, du lait et de l'agroalimentaire en général. Ne plus consommer pour ne plus donner de l'argent à ceux qui produisent de la merde impunément. Je n'ai rien imposé à mes enfants, mais ils ont vite suivi le mouvement. Cela oblige à cuisiner un peu plus, c'est vrai, mais nous avons redécouvert certains légumes de mon enfance, les saisons, le goût des choses. Nous avons étendu ce fonctionnement à tous les produits que nous consommons : les produits ménagers, les produits de beauté, les vêtements, etc., que des choses qui respectent la nature et le travail humain. Je signe des pétitions, adhère à une association de boycott et me sens profondément triste dans les queues du supermarché lorsque je regarde les caddies des gens. Le pire a été de découvrir des bousculades pour une promotion sur une marque de pâte à tartiner ! L'homme est le pire prédateur pour lui-même et pour tout le monde, animal et végétal. Il exploite tout, sans vergogne, sans respect, au nom d'intérêts individuels et financiers. Le pire, c'est de passer pour une marginale dès que vous affichez vos choix. C'est comme la phobie scolaire, ou le Haut Potentiel, c'est « à la mode » ! Je ne juge personne d'en être là où il en est, puisque peu de temps auparavant, j'étais pareil… mais je ne supporte pas de l'être pour mes choix.

Un flux d'informations captées plus important

Avec sa pensée en arborescence, le HP traite déjà beaucoup de données simultanément. Avec l'hypersensibilité, vient s'ajouter tout ce qu'il ressent, perçoit, devine, et donc un grand nombre d'émotions. Cela engendre un trop plein. Le cerveau déborde, sature et peut mener au burn-out.

Je ne compte plus les miens. Les psys parlaient de fragilités psychologiques sûrement en lien avec mon enfance. Que de médicaments et de séances à se torturer les méninges pour rien ! Je suis en colère contre ces professionnels qui n'ont rien compris, rien détecté et qui m'ont laissée souffrir autant de temps ! Quel gâchis ! Je vais être extrêmement vigilante avec mes enfants. Je ne veux pas qu'ils connaissent ce parcours du combattant…

Un organisme plus « performant »

Le corps capte autant que la tête et exprime tout ce que la tête ne dit pas. C'est un excellent baromètre qu'il faut entretenir et écouter. Il faut faire attention à son alimentation, aux médicaments, aux énergies… Il est plus réactif. Lui aussi fonctionne comme une éponge. Les HP et HS sont plus sujets aux migraines, aux intolérances alimentaires (gluten, lactose…), à la somatisation (symptômes physiques d'origine psychologique), à la fibromyalgie, à la spasmophilie, aux crises d'angoisse, etc.

Mon fils a beaucoup somatisé avant d'exprimer clairement, mais violemment, sa phobie scolaire. Il avait mal au ventre, était pris de vomissements, de migraines, d'insomnies chaque dimanche soir ou à chaque reprise de l'école. Son corps exprimait clairement un mal-être sur lequel il ne parvenait pas à mettre de mots. Maladie, c'est *Mal à dit* !

Bienveillance – vit dans un monde de Bisounours

Il a la naïveté de croire qu'il vit dans un monde de gentils. Et même lorsqu'il est confronté à de mauvaises personnes, il leur cherche des excuses. L'autre a forcément une raison de se comporter ainsi ! Ce fonctionnement en fait des proies privilégiées pour les manipulateurs.

J'ai expérimenté et je confirme. Trois ans de relation avec un Pervers Narcissique Manipulateur qui, après avoir tout fait pour me mettre en confiance pendant de nombreux mois, s'est mis à me manipuler de façon très subtile pour servir ses intérêts. Il a bien compris mon mode de fonctionnement atypique et a utilisé toutes mes failles pour obtenir ce dont il avait besoin. Se positionner comme victime à chaque fois que je le mettais face à ses incohérences pour réveiller mon côté « sauveur ». Un petit sous-entendu, toujours à double sens, pour appuyer sur le manque de confiance en moi, et donc me faire culpabiliser sur des dérapages commis par lui. Des explications très argumentées où il démontrait un truc et son contraire en même temps, ce qui faisait complètement court-circuiter ma capacité à réfléchir pour essayer de décrypter l'illogisme. Le tout largement arrosé par mon empathie dégoulinante : il est tellement intelligent, c'est forcément moi qui ai mal compris. Il a tellement de travail, c'est normal qu'il ne puisse pas dégager plus de temps. Il a tellement de soucis avec son entreprise (il est d'ailleurs sujet au psoriasis dont l'origine est le stress), je ne vais pas l'embêter avec mes questionnements égoïstes, etc. Une déconstruction psychologique orchestrée par un déconstruit affectif. Car la vérité, c'est que c'est un individu coupé de ses émotions. Il n'aime personne d'autre que lui. Une emprise puissante dont il est difficile de se défaire, car le besoin de comprendre l'autre surpasse la conscience du piège. Le corps exprime des choses, aussi : mal de dos, migraines, courbatures, fatigue. Mais tant de choses peuvent en être l'origine ! Je n'ai pas compris que ces symptômes étaient des alarmes corporelles de mon inconscient qui avait probablement capté tout cela. Je retiens de cette expérience que si c'est trop beau pour être vrai, c'est que ça l'est !

Je regarde la jeune fille qui a eu deux parents comme cela en me demandant comment elle tient debout et le nombre de séquelles qu'il lui reste à soigner !

Les environnements

La présentation se poursuit avec une liste des environnements adaptés qu'il faut privilégier :

« Le calme, les lumières douces, une température extérieure modérée. »

« Les grands espaces, la nature, les lieux ouverts et aérés. »

« Les lieux qui assurent une sensation de sécurité, que l'on connaît. »

« Un entourage bienveillant, compréhensif, ouvert d'esprit. »

« S'assurer des activités où l'on peut prendre du temps, du plaisir. »

En opposition aux situations sur-stimulantes qu'il faut éviter :

« Des lieux bruyants, les lumières trop fortes de type néon, le chauffage excessif. »

« Des lieux confinés, oppressants, fermés. »

« Les lieux inconnus ou non sécures, qui encouragent une hyper activation. »

« Les manipulateurs, les personnes toxiques, les vampires énergétiques. »

« Les situations d'urgence, le travail sous pression. »

Génial ! Rien de mon métier n'est dans la bonne catégorie. Et idem pour mon fils !

Prendre sa place

La conférence touche presque à sa fin et il veut une conclusion optimiste. Pour être heureux, il suffit de prendre sa place :

« Accepter sa différence et cesser de lutter contre ce que l'on est. Lâcher les projections de ce que l'on voudrait être pour répondre à la norme. »

« S'autoriser à être différent en ayant confiance en soi et en se libérant du regard des autres. »

« Revisiter son fonctionnement. S'approprier cette nouvelle grille de lecture de soi sur tous les plans : émotionnels, rythmes, apprentissages, etc. »

« Utiliser ses capacités naturelles pour s'épanouir au travail, dans ses loisirs, dans ses amours. »

« Trouver les réponses à cette quête de sens permanente dans nos valeurs. »

« Trouver le bonheur dans le présent. »

« Être en conscience et développer l'intelligence intra et interpersonnelle (la nôtre et avec les autres). »

« Se tourner vers la spiritualité : et si le monde matériel n'était qu'une infime partie du monde ? »

Cette dernière partie est floue pour moi. Je crois que j'ai besoin de digérer tout ça avant de prendre ma place.

Avant de nous libérer, il nous invite à regarder la liste des mots inscrits en début de séance pour nous définir et de vérifier que chaque mot a trouvé une explication ce soir. Tout est parfaitement clair ! J'ai l'impression que mon crâne va exploser. Je ne peux pas m'arrêter de pleurer de joie et de tristesse en même temps. Un grand sentiment de délivrance m'envahit. C'est comme si j'avais d'un seul coup la lumière à tous les étages et que je découvrais des zones restées dans le noir pendant si longtemps ! Ce soir, ma vie a défilé avec cette nouvelle grille de lecture et tout, absolument tout, s'explique ! C'est magique, presque irréel et tellement bouleversant. Je sais que j'ai entre les mains la clef des problèmes de mon fils, mais aussi de ma fille. Même si elle est moins dans le mal-être, il y a plein de choses qui vont lui servir également.

Mon voisin de gauche, le joueur de castagnettes à doigts, a les larmes aux yeux et la bouche grande ouverte. Lui aussi a été bouleversé par la découverte de son mode d'emploi et n'arrête pas de sortir des « ben ça alors !!! ». Je ressens chez lui aussi cette impression de gâchis.

La femme parfaite ne laisse transparaître aucune émotion particulière. Son intérieur est sûrement aussi bien rangé que son extérieur. Je ne sais pas ce qu'elle est venue chercher et elle repartira sans que je sache si elle l'a trouvé. Mais je me sens si vivante, ce soir, que je ne la regarde plus avec envie.

L'homme au costume venu pour comprendre son fils a pris des notes pendant toute la conférence. Une petite moue sur son visage laisse sous-entendre qu'il a compris des choses, mais qu'il ne semble pas savoir quoi en faire. Lui aussi va avoir besoin d'un petit temps de digestion.

La conférence se termine et certaines personnes commencent à partir. Je vais remercier l'animateur encore et encore. Je lui explique qu'il a répondu en 2 heures aux questions de toute une vie et que ce soir est un tournant majeur dans mon existence. Je sais qu'il y aura un avant et un après. J'ai conscience que j'ai encore du travail à faire sur moi, mais maintenant que j'ai tous les ingrédients, et les bons, ce sera plus facile de suivre la recette. Je lui avoue que malgré toutes ces preuves mises sous mon nez ce soir, une part de moi doute toujours sur le fait d'être Haut Potentiel. Il me rassure en me disant qu'il m'a observée durant la soirée, et qu'il n'avait aucun doute. Il fallait juste me laisser le temps de m'imprégner de tout ça et d'envisager éventuellement un test si les symptômes persistent.

J'ai envie de crier ma colère et ma libération en même temps. Je suis une vraie pile électrique et je suis heureuse d'avoir proposé à cette jeune fille de la raccompagner. J'ai besoin d'échanger avec un témoin et de vérifier que j'ai bien tout compris. On ne change pas 45 ans de fonctionnement d'un coup de baguette magique.

LE RETOUR

Sous le vent et la pluie, nous regagnons ma Twingo avec A, ma passagère. Elle aussi s'est pris une grande claque, ce soir, et comme moi, elle a besoin d'être sûre d'avoir bien tout compris. Elle aussi a des doutes... Hypersensible, oui, Haut Potentiel, pas sûr. Nous analysons chaque information de la soirée et la rattachons à des moments de nos vies à tour de rôle, chacune validant l'expérience de l'autre comme étant bien recevable par cette grille de lecture.

Nous discutons plus de deux heures en bas de chez elle dans ma petite voiture inconfortable. Mais nous ne pouvons pas nous arrêter. Nous sommes trop excitées. Nous que tout le monde prend pour des imbéciles, des nuls ou des marginaux, nous sommes Hauts Potentiels ! Heureusement qu'il est tard, car j'ai envie d'appeler tout mon répertoire téléphonique pour raconter cette découverte comme s'il s'agissait d'un trésor.

Avec A, nous nous reverrons très souvent. Elle m'éclairera avec plus de précisions sur le fonctionnement des Pervers Narcissiques Manipulateurs et moi, sur les conséquences de l'abandon et la dépendance affective. Nous ferons de longs trajets en voiture en bord de mer où nous mettrons en avant les choses que nous avons chacune à travailler pour continuer à avancer. Nous échangerons nos recherches, nos lectures, nos découvertes, nos expériences avec ce nouveau « nous » pour nous aider à « prendre notre place ». Ce sont nos Twingothérapies.

PRENDRE SA PLACE

Cette réunion me fait planer pendant quelques semaines. J'ai l'impression de voler sur un tapis volant ! Je me sens tellement légère ! Ma démarche a changé, je me tiens plus droite, j'ai les yeux tournés vers le ciel tout le temps pour observer les nuages, les oiseaux, le ciel bleu… J'ai l'impression d'être née à cette réunion et de ne découvrir le monde que maintenant ! Un poids tellement énorme s'est envolé ce soir-là !

Mais si je sais maintenant qui je suis et quelles sont mes forces et mes faiblesses, je fonctionne néanmoins toujours comme avant. Je dois trouver des outils pour m'aider à ne plus être envahie par mes pensées en permanence, ni mes émotions, ni mon empathie. Je ne sais pas trop par quoi commencer et j'achète plusieurs livres sur l'hypersensibilité et les Hauts Potentiels, mais je retrouve beaucoup de choses déjà entendues à la réunion.

LA SOPHROLOGIE

Un soir, je croise ma voisine qui est sophrologue et nous échangeons un moment. Je lui raconte ce que je suis en train de vivre et elle me propose une séance. Je ne sais pas en quoi cela consiste, mais cela a été conseillé lors de la conférence et j'ai envie de découvrir.

Au premier rendez-vous, ce que l'on appelle l'anamnèse, je lui raconte un peu ma vie et les choses que j'ai à travailler.

Au second, nous commençons par une méditation active, pour créer un espace réconfortant dans lequel je pourrai me réfugier si mes émotions sont trop fortes et rencontrer ma petite fille intérieure. Je lui dis que j'ai assez travaillé cette dernière partie chez les psys et elle me répond justement que j'ai nettoyé cela sur un plan psychologique, mais pas émotionnel. Je lui explique aussi que je suis sûrement trop cartésienne pour pouvoir la suivre et elle me répond avec une grande justesse : « Tu croyais bien que tu étais nulle jusqu'à ce que tu découvres le contraire. Ça s'appelle un filtre. Il faut t'en débarrasser. » Elle prend un crayon et une feuille et commence à me faire un dessin :

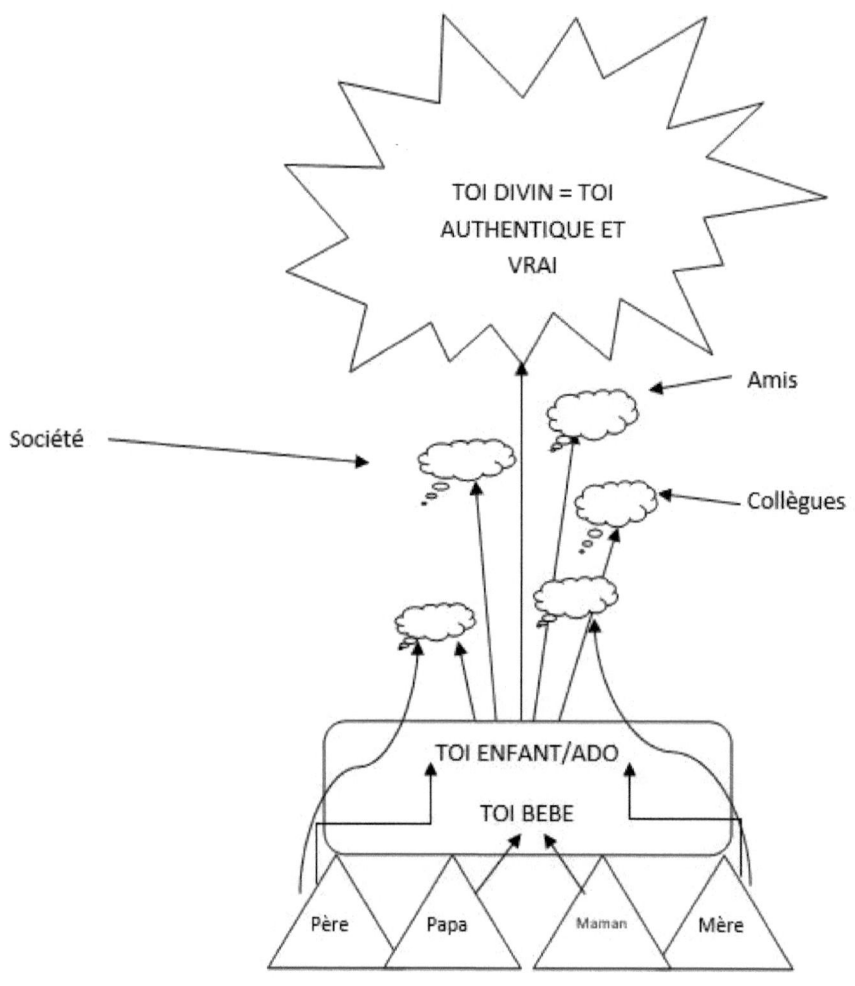

« En haut, le toi divin, c'est-à-dire le toi authentique, celui avec lequel tu te sens en paix, en harmonie, en amour.

En bas, les 4 piliers qui soutiennent l'enfant que tu étais :

Le papa et la maman, qui veillent à répondre à tes besoins naturels (manger, changer, dormir, câlins…).

Le père et la mère, qui t'éduquent, partagent leurs expériences pour que tu puisses voler de tes propres ailes.

Les fils qui montent vers le toi divin sont les expériences que tu dois vivre pour accéder à l'être que tu dois devenir. Sauf qu'au cours de ta vie, un tas de nuages, correspondant à des croyances, vont t'empêcher de les vivre pleinement. Exemple : pendant ton adolescence, ta mère va te prévenir que tous les hommes sont des salauds qui finissent toujours par te quitter, soit parce que c'est sa propre expérience, soit parce que c'est son propre nuage. Lorsque tu vas expérimenter l'amour à ton tour, tu vas inconsciemment te comporter différemment à cause de cette peur au lieu d'être toi-même et cela va te mener à la rupture. Tu valides alors cette croyance qui devient un filtre pour la vie et que tu transmettras toi-même à tes enfants. Tu vas croiser, au cours de ta vie, plein d'émetteurs de nuages : des collègues, des amis, des profs, les journaux, plus tous ceux que tu vas ajouter avec tes expériences négatives… Pour être au plus près de ton toi divin, tu dois nettoyer ces filtres. Pour ce faire, tu dois juste en prendre conscience… ça les fait bouger. »

Elle me conseille également la lecture de l'allégorie de la caverne de Platon, une métaphore représentant des prisonniers enchaînés dans une caverne qui ne voient que du vrai monde les ombres du dehors projetées par la lumière du dehors sur la paroi du fond. Il faut sortir de la caverne pour découvrir le vrai monde et ne pas rester prisonnier de ses croyances.

Elle me demande donc d'ouvrir mon esprit pour cette expérience, de ne pas laisser mon mental m'entraîner vers le fond de la caverne, de lâcher prise et de vivre pleinement cette séance sans chercher à comprendre et en accueillant mes émotions.

Je repars de cette séance vidée, mais super bien et avec de nombreuses lectures. Moi, la cartésienne, j'ai réussi à lâcher prise et à faire taire mon mental, ça fait trop du bien ! Je me sens super légère et en paix.

La seconde séance a lieu en extérieur. Nous allons marcher au bord d'une rivière. Elle me parle des arbres, de leur énergie, de leur intelligence. Elle en parle comme d'humains et je trouve ça très beau. J'ai des frissons qui courent le long de ma colonne vertébrale. Je me laisse porter par son univers qui ressemble à un conte enchanté. On s'arrête devant un saule pleureur majestueux dont les branches flottent au-dessus de la rivière. Il est sublime. Elle me demande de prendre une photo de cet instant, c'est-à-dire de capturer tous les éléments qui font que ce moment est magique. Elle me guide en me demandant de lui décrire ce que je vois, ce que je ressens, les sensations corporelles, les bruits… C'est comme cela que l'on capture les moments de bonheur ! On prend le temps de le saisir, de le sentir, de le tatouer dans sa mémoire. Je lui parle de mon expérience chez l'hypno thérapeute pour essayer d'arrêter de fumer et de mon tiroir à bonheur vide. Elle me dit que c'est ma notion du bonheur qui est erronée. «Le bonheur, c'est la beauté de cet arbre qui t'émeut, c'est cette rencontre avec moi et ce joli moment que nous partageons, c'est ce petit oiseau sur la branche là-haut qui nous regarde… Le bonheur, c'est de petits moments simples qu'il faut savoir capter et c'est tout !»

Sur une troisième séance, nous travaillons sur l'égo et sur mon côté sauveur. Le triangle de Karpman me montre à quel point ce rôle, comme celui de la victime ou du persécuteur, est nuisible pour moi, comme pour les autres. Nous parlons aussi d'égoïsme positif : ce n'est pas parce que l'on pense à soi que l'on est égoïste. Faire des choses pour soi nous permet ensuite d'être disponible pour les autres : pas pour combler un vide en soi, ni par devoir ou par obligation. Il faut donc se libérer du regard des autres pour identifier ses désirs et mieux défendre ses intérêts, donc se respecter. D'autres séances suivront, où nous approfondirons ces notions et parlerons spiritualité…

Toutes ces séances, je continue à les bosser chez moi après. Je les complète par des lectures ou des vidéos, pour qu'elles s'impriment bien en moi !

LES AUTRES SUPPORTS

Grâce à mes échanges avec A, j'accède à de nombreux supports vidéo très intéressants, dont un monsieur qui fait des séances sur You Tube assez courtes et magiques : Jean Jacques Crevecoeur. J'achète beaucoup de livres aussi et assiste à quelques conférences sur différents sujets. Je creuse sur la puissance de notre alarme interne, ce premier truc que l'on ressent spontanément avant que l'empathie ne vienne l'éteindre. Je m'intéresse également à la symbolique des douleurs corporelles qui fonctionnent aussi comme de petites alarmes lorsque les choses ne sont pas à leur place normale.

Je m'essaie à la méditation, grâce à des vidéos sur You Tube. Les premières fois seule, sans l'aide de la sophrologue, sont compliquées. Dans la 1ère méditation, je devais visualiser un escalier lumineux et en monter les marches. Je n'arrivais pas à me décider sur la composition de l'escalier : en bois avec des bougies, pas prudent, donc en béton avec les leds, pas beau, donc en verre avec des néons. Sauf que le temps que je réfléchisse aux matériaux de l'escalier, je devais imaginer mes pieds sur une plage de sable chaud. Me voilà donc en train de monter les escaliers en courant pour arriver sur une plage qui ressemble à celle où je suis allée quelques jours auparavant en Vendée. Mais la voix précise qu'il y a un vieux cabanon en bois abandonné. Zut ! Ça ne peut pas être là ! Hop, direction Pornic et ses vieilles cabanes de pêcheurs. Mais là encore, la voix ajoute des palmiers. Argh ! Il faut que je déménage en Guadeloupe. Je n'arrive pas à lâcher prise et mon mental garde le contrôle tout le temps de cet exercice. Je rigole toute seule pendant toute la méditation du fonctionnement de mon cerveau. Il me faudra plusieurs pratiques accompagnées pour parvenir à ne plus m'encombrer la

tête avec ce genre de détails et parvenir à lâcher prise complètement.

Je note également sur des Post-its toutes les phrases lues ou entendues qui me sont importantes et je les colle sur la porte de mon
frigo. Dès que je sens que mes vieux fantômes reviennent, je relis
ces phrases majeures qui changent ma vie. Mon frigo devient mon
coach personnel, mon « psygidaire ».

Pour l'égoïsme positif, par exemple, j'ai noté des questions à me
poser avant de faire ce que les autres me demandent :

« Quel est ton tout premier ressenti ? »

« Sans le regard de l'autre, ferais-tu cela ? »

« Quel effort cela te coûte-t-il de le faire ? »

« Est-ce vital pour l'autre ? (Est-ce qu'il va mourir si tu ne le fais
pas ?) »

Le ressenti de l'autre est son problème : ça lui appartient !

Je compare souvent l'empathie au caramel qui coule sur les yaourts
à la vanille lorsque l'on retire la languette qui est sous le pot : ça
dégouline et recouvre complètement ce que nous sommes profondément. Il est important d'être toujours conscient des besoins de
notre partie « vanille » pour ne pas se laisser noyer par ce « caramel ».

Apprendre à relativiser est essentiel également pour mettre de la
distance avec les événements. Dans 99,99 % des cas, il n'y a rien de
vital en jeu dans les problématiques qui nous préoccupent. Des problèmes chiants, oui... qui engagent la vie de quelqu'un, rarement.

Autre grande libération : ne plus se justifier ! Je suis un être libre qui ne doit rendre de comptes à personne ! J'ai appris aussi à dire non grâce à cela. Inventer des excuses lorsque l'on ne veut pas faire quelque chose pour ne pas faire de la peine à l'autre, c'est lui renvoyer un « Je voudrais bien, mais je ne peux pas ». L'autre, pour te rendre service, te propose donc des solutions pour que tu puisses. Et à un moment, tu es piégé ! Alors que juste dire « non » et accepter le silence qui suit juste derrière, c'est signifier à l'autre « non, je ne veux pas ». Et s'il demande pourquoi, ne pas se justifier et juste répéter en boucle « eh bien parce que non ! ».

Cela paraît sûrement évident pour beaucoup de monde, mais pour moi, ce fut une découverte ! On devrait apprendre ça aux enfants dans les écoles plutôt que de la flûte dont personne ne se sert dans sa vie. Je me souviens parfaitement la première fois que j'ai appliqué tout ça : une amie me demande de l'accompagner un samedi chez les concessionnaires automobiles pour l'aider à acheter une voiture. Je bosse toute la semaine, mes soirées sont courtes et le samedi est toujours très chargé en choses ennuyeuses, mais indispensables, pour un meilleur déroulement de la semaine suivante. Je suis devant mon frigo et je décortique chaque étape :

« Premier ressenti : ça me saoule parce que j'ai déjà trop de choses de prévues. »

« Si j'étais sûre de ne pas lui faire de la peine : je dirais non ! »

« Ça me coûte quoi de le faire : une semaine à speeder tous les soirs pour faire ce que je n'ai pas fait ce samedi. »

« Est-ce qu'elle va mourir si je n'y vais pas : non. »

« Son ressenti : si elle ne veut plus être mon amie pour cela, ça lui appartient. »

Je lui réponds donc un peu fébrile que non. Silence. Comme elle n'est pas habituée à ce que je refuse, elle anticipe d'elle-même des solutions : « Si c'est parce que tu n'as pas de voiture, je peux venir te chercher ! » Je suis surprise, mais je dois insister d'un « C'est gentil, mais non ». Le ton change et elle me demande pourquoi. « Rien, c'est juste que c'est non » ! Puis j'enchaîne sur d'autres sujets de conversation. Elle glisse des petites phrases culpabilisantes dans notre échange, du style « c'est dur de faire tout toute seule », « si je pouvais avoir un soutien de temps en temps ». Triangle de Karpman : elle se présente en victime, je ne serai ni son sauveur ni son persécuteur. Je ne rebondis sur aucun de ses propos ! Si elle émet et qu'il n'y a aucun récepteur, elle cessera d'émettre. C'est ce qui se produit, puisque nous finissons par avoir une conversation complètement normale. Lorsque je raccroche enfin, je fais une danse de la victoire toute seule dans ma cuisine ! Je suis ridicule, mais tellement libre !

« Ça lui appartient » devient ma phrase fétiche. Pas de façon « égoïste qui s'en fiche », mais j'accepte que l'autre en soit là où il en est pour le moment. Ça me permet de créer un filtre imaginaire entre moi et l'autre et m'évite de devenir une éponge à ses émotions ou ses problèmes. Cela ne m'empêche pas d'écouter et d'aider, mais je le fais en conscience et en me respectant d'abord.

J'apprends à écouter mon corps, également. En présence de personnes toxiques, je ressens des douleurs musculaires ou j'ai du mal à respirer, c'est magique, ces alarmes ! Je ressemble à quelqu'un qui aurait gardé son cintre dans sa chemise, mais au moins, je sais qui j'ai en face de moi et je peux appliquer ce que j'ai appris pour ne plus en souffrir.

Masuro Emoto, titulaire d'un doctorat de l'université de Yokohama en médecine alternative, a observé des cristaux d'eau gelée. Ceux provenant d'eaux pures et vives forment de beaux cristaux harmonieux, alors que ceux provenant d'eaux stagnantes ou usées formaient des cristaux abîmés. Il soumet ensuite des échantillons à différentes énergies par la pensée, la parole, l'image, la musique. Les énergies de haine ou d'amour modifient la forme des cristaux. Les premiers sont déformés, abîmés, alors que les seconds ressemblent à de magnifiques dentelles. Un être humain à l'âge adulte est composé de 70 % d'eau, soit un énorme récepteur d'énergie. L'importance de la pensée positive est visible, qu'elle vienne de vous ou des autres. Dans le cas contraire, toutes sortes de maux sont possibles. De manière plus générale, la planète est aussi composée en surface de 71 % d'océans. D'où la nécessité de reconditionner nos pensées pour s'éloigner de toute forme d'agression. À méditer…

J'essaie de supprimer les « il faut » et « je dois » de mon quotidien pour les remplacer par des « j'ai envie de » ou « il serait bon pour moi de ». Ça remplace bien les Post-its du frigo ! Je me fais des compliments, me félicite et tente d'appliquer ça aux autres. Je dis bien « tente », je n'y arrive pas toujours et reste humaine.

Je lis beaucoup d'articles sur les neurosciences, également. Les avancées sur le fonctionnement du cerveau sont passionnantes. Les premiers tests de mesure de l'intelligence datent du début du siècle, ce qui est très récent. Il n'y a pas si longtemps, on coiffait les enfants d'un bonnet d'âne et on les envoyait travailler à la ferme lorsqu'ils étaient atypiques. La science n'est qu'au début de ses découvertes en la matière, mais les nouveaux outils de mesure sont prometteurs.

Howard Gardner, professeur en cognition et en éducation à Harvard Graduate School of Education, professeur de psychologie à Harvard University, montre que le test du QI largement utilisé, en France notamment, pour déterminer les aptitudes des individus, n'explore en fait qu'un éventail restreint d'intelligences. Il déduit qu'il existe huit différentes formes d'intelligence. Selon lui, la raison d'être de l'école devrait être le développement de toutes les formes d'intelligences.

Michel Yacger, fondateur de l'académie des projets de vie à Angers, classe les HP en 4 catégories :

« Les hyper-Intellectuels, tournés vers le savoir : toujours envie d'apprendre, de comprendre. »

« Les hypersensibles, tournés vers les autres. »

« Les hyper émotionnels, tournés vers leurs propres émotions : envie de dépassement de soi, recherche d'émotions fortes. »

« Les hyper créatifs, tournés vers l'imaginaire. »

On peut être hypersensible et hyper créatif, par exemple, mais il y a toujours un domaine qui domine l'autre. Cela permet de mieux définir les métiers ou les domaines d'activités dans lesquels l'individu peut s'épanouir. J'ai ce profil, ce qui signifie que la comptabilité était un très mauvais choix d'orientation, LE métier à ne pas faire.

Une équipe scientifique de la Faculté de médecine de l'Université de Genève a apporté la preuve que les traumatismes laissent des traces sur notre ADN sur trois générations. Cela signifie que nous vivons avec des souffrances qui ne nous appartiennent pas… Il est donc important de nettoyer ces cicatrices également, grâce à des thérapies appropriées.

J'emmagasine toutes ces nouvelles informations à une grande vitesse et les applique en réfléchissant de moins en moins. J'arrive à reprogrammer complètement mes réflexes. Je finis par penser et me comporter différemment, sans que cela passe par le mental. Je reprends confiance en moi un peu plus chaque jour, mon estime de moi-même remonte. Je n'ai plus peur, je n'ai plus d'angoisses et je suis profondément heureuse.

UNE COLÈRE TENACE

Néanmoins, plus je m'épanouis, et plus une colère grandit en moi. Je crois que la notion de gâchis y est pour beaucoup. Tant d'années perdues à fonctionner sans les bons outils, c'est rageant. Mais ma plus grosse part de colère vient de la prise de conscience du monde dans lequel je vis. Je ne supporte plus la manipulation de masse, le fait que les intérêts individuels priment sur les intérêts collectifs, le manque de sens qui rythme le quotidien de tout le monde… Plus j'avance et plus j'ai envie de vivre dans une ferme au fin fond de la Lozère dans un coin isolé avec un collier de fleurs autour du cou. Plus je me réconcilie avec moi-même et plus je rejette la société. Je pleure dès que la ville coupe un arbre en bonne santé. J'ai conscience d'être dans l'excès, mais je n'arrive pas à canaliser cette colère. J'arrive à travailler à petites doses pour gagner de l'argent, mais que sur des CDD de courtes durées. Faire partie du système me fait souffrir, autant physiquement que psychologiquement.

Mais mon changement me permet de nouvelles rencontres. Je croise de plus en plus de personnes avec ce profil, des gens sensibles à l'humanité, à la planète, à l'environnement. Ils sont moins remplis de colère que moi et plus optimistes. Ils sont convaincus que si nous sommes plusieurs à faire chacun sa part, l'ensemble peut changer. Comme cette légende amérindienne, racontée par Pierre Rabhi, sur le colibri : « Un jour, dit la légende, il y eut un immense incendie de forêt. Tous les animaux terrifiés, atterrés, observaient impuissants le désastre. Seul le petit colibri s'activait, allant chercher quelques gouttes avec son bec pour les jeter sur le feu. Après un moment, le tatou, agacé par cette agitation dérisoire, lui dit : "Colibri ! Tu n'es pas fou ? Ce n'est pas avec ces gouttes d'eau que tu vas éteindre le feu ! "". Et le colibri lui répondit : "Je le sais, mais je fais ma part." » Notre rôle est d'éveiller le maximum de consciences. Mais je sens une impatience qui me ronge. Jusqu'au jour où j'entends un ami canadien me dire cette phrase magique : « Il sera temps de se demander comment on traversera le pont une fois que l'on sera devant. » Bon, avec l'accent, elle fait d'abord rire... mais elle est tellement vraie. Pourquoi se prendre la tête sur un problème avant qu'il n'arrive sans savoir à quoi il va ressembler ? On peut choisir de faire le chemin jusqu'au pont en regardant ses chaussures et en s'inquiétant sur sa traversée, ou profiter de chaque instant, du vent dans ses cheveux, de la pluie sur son visage, de la beauté de la nature. *Tabernak* ! Je laisse tomber mes derniers remparts pour un total lâcher-prise. Je cherche juste à profiter d'un maximum de jolies choses sur ce chemin et à éviter les cailloux qui me font mal aux pieds...

ET LA PHOBIE SCOLAIRE ?

La phobie scolaire n'est qu'un symptôme. C'est l'expression physique d'un mal-être ancré depuis très longtemps. En amont, il y a très souvent, mais pas toujours, un facteur déclenchant (déménagement, divorce, maladie d'un proche, harcèlement, etc.). Pour mon fils, cela aura été une double fracture de l'avant-bras. Mais cet événement détonateur n'est en fait que la goutte d'eau qui a fait déborder le vase. Et ce qui a rempli le vase, ce sont des années et des années de sur-adaptabilité où le jeune s'est épuisé à essayer d'être et de faire comme les autres, alors qu'il est profondément différent, à surmonter son handicap invisible. Y compris dans sa relation avec son père : son empathie l'a embourbé dans son « conflit de loyauté ». Il fournit tellement d'efforts pour être celui que l'on attend qu'il soit… Jusqu'à ce jour où il s'écroule, souvent au collège (6ᵉ – 5ᵉ en moyenne pour les garçons/fin de collège – début de terminale en moyenne pour les filles). En primaire, l'enfant est encore materné par une « maîtresse » bienveillante, les jeunes sont encore sous « contrôle ». Au collège, l'élève est confronté à ce qu'il devra affronter dans la vraie vie : des gentils, des bienveillants, mais aussi des dominants, des menteurs, des manipulateurs… Il a déjà déployé tant d'énergie pour supporter ce monde que réaliser ce qu'il doit affronter maintenant le propulse d'un état de sur-adaptation à un état de sous-adaptation, sans pouvoir mettre de mots sur ses maux !

C'est comme un burn-out, ce sont les mêmes schémas qui se mettent en place… Sauf que l'adulte a le droit d'être en arrêt jusqu'à ce qu'il aille mieux alors que les institutions revendiquent que la place de l'enfant est à l'école ! On ne dit pas à l'adulte : « OK, tu te mets en arrêt, mais tu viens quand même aux réunions d'équipe tous les lundis et tu continues de t'occuper du client Machin!» L'enfant, si! Ce qui est, à mes yeux, de la maltraitance…

Le diagnostic est capital pour définir les contours de l'enfant et lui expliquer qu'il n'a plus besoin d'être dans la sur-adaptabilité pour fonctionner. Il n'a plus une montagne insurmontable à franchir, juste quelques marches à monter pour être heureux dans un monde qui n'aura pourtant jamais sa même grille de lecture, de langage et de compréhension.

Une vraie coupure avec la contrainte est nécessaire pour que cesse toute souffrance en lien avec la pression que représente leur vision de la vie dans ces conditions. Quand on veut faire baisser la pression dans une cocotte-minute, il faut éteindre le feu qui est en dessous. Si on ne fait que le baisser, la pression remonte au bout d'un moment. Un temps assez long est indispensable pour apaiser les angoisses, trouver les bons accompagnements, comprendre qui ils sont, comment sont les autres, s'équiper des bons outils pour pouvoir être avec les autres sans souffrir et retrouver une paix intérieure. La psychanalyse pure n'est d'aucune efficacité pour les HP. Les thérapies alternatives brèves vont donner des outils concrets qui ont du sens et de l'efficacité.

Les HP sont comme des Ferrari, ils vont vite… mais beaucoup ont des pneus de tracteur côté passager, une intelligence émotionnelle qui les fait tourner en rond. C'est le côté droit du cerveau qui contrôle. Il faut un arrêt au stand, des mécaniciens qui maîtrisent bien cette voiture et les aider à dégonfler ces pneus, à ne plus être dans le «trop» et leur faire découvrir les options de leur super véhicule dont ils ne soupçonnent pas l'existence.

Après avoir porté mon fils à bout de bras, m'être battue contre les institutions, contre l'entourage, contre la galaxie entière, ce temps consacré à ma personne pour comprendre et réparer des dysfonctionnements que nous avons en commun a été bénéfique.

D'abord, mon fils a pu constater les changements positifs flagrants chez moi. De me voir profondément heureuse et sereine lui a donné envie de suivre cette même route et de faire enfin confiance aux professionnels qui m'ont aidée. Ils ont du sens autant pour lui que pour moi et nous avons des discussions aujourd'hui très authentiques. Ce que je lui transmets aujourd'hui résonne complètement chez lui, contrairement aux discours que je répétais comme un perroquet.

Ensuite, il n'a plus été pendant un temps le centre d'intérêt de la famille. Il a retrouvé sa place d'enfant que mon inquiétude, bien que légitime, lui avait enlevée. L'enfant tyran a disparu.

Il a commencé la sophrologie, qui lui permet de gérer ses bouffées émotionnelles et l'aide à comprendre les relations avec les autres. Il prend donc plus de recul dans sa relation avec son père, est de moins en moins dans l'impulsivité, contrôle ses crises d'angoisse… On vide le vase tout doucement…

Un rendez-vous avec une neuropsychologue pour passer l'ensemble des bilans est programmé le mois prochain. Une première rencontre confirme une suspicion de Haut Potentiel, de TDAH et de dyspraxie. Un autre rendez-vous est programmé également avec une hypno thérapeute pour l'aider à régler son addiction au cannabis. C'est la solution qu'il a trouvée pour apaiser ses pensées. Les soins se mettent en place doucement, mais sûrement. La confiance est là et l'adhésion aux soins est enfin prometteuse.

L'école n'est plus ma priorité. C'est l'autoroute qu'empruntent beaucoup d'enfants, la route est tracée, sécurisée, c'est tout droit... j'accepte que mon enfant veuille prendre la nationale. Nous naviguons sans GPS, sans carte, et nous roulons beaucoup moins vite. Mais ce que l'on découvre sur les petits chemins est tellement joli ; nous prenons le temps d'observer les paysages, de faire de belles rencontres. Je ne sais pas où nous allons, mais nous y allons tous ensemble et le voyage est magnifique. Il vit des expériences et j'espère qu'il trouvera ce pour quoi il est fait... en attendant, je veux juste qu'il soit heureux. Et nous y arrivons chaque jour un peu plus. La route est encore longue, mais qu'importe, du moment qu'elle est belle.

Einstein, qui était HP, dyscalculique et TDAH, a dit : «La connaissance s'acquiert par l'expérience, tout le reste n'est que de l'information.»

CONCLUSION

Être Haut Potentiel n'est pas être plus intelligent. C'est juste avoir une forme d'intelligence différente qui peut parfois être un vrai handicap.

Il est urgent que les choses changent pour que ces enfants soient détectés et accompagnés plus tôt par des gens formés. Être enseignant, ce n'est pas juste transmettre une matière, c'est aussi connaître son auditoire. Être pédopsychiatre, ce n'est pas juste accompagner sur ses acquis, c'est aussi être en veille sur la recherche, les neurosciences. Au dernier rendez-vous avec le CMP, celui qui suivait mon fils, m'a dit que, HP ou non, ça ne changeait rien à ses problèmes. Et pourtant, c'est la clef! Je lui ai expliqué qu'il me faisait penser à un maître-nageur qui aurait appris la natation dans un livre sans n'avoir jamais trempé ses fesses dans une piscine… Il explique en chinois les gestes à faire pour la brasse et n'a aucune idée de la sensation du corps dans l'eau. Je pourrais décliner cela à toutes les autres professions encadrant l'enfance : les CPE, les services sociaux, les proviseurs, les médecins scolaires… On ne propose pas les bons diagnostics, donc pas les bons soins. Et puisque l'enfant continue de couler, on en conclut que le problème vient des parents et on déclenche des informations préoccupantes qui aboutissent parfois à des placements abusifs.

N'oubliez pas, c'est un enfant avant d'être un élève et ne jugez pas un individu qui boite sans savoir quel caillou il a dans sa chaussure.

Ces enfants différents sont l'avenir, les créateurs du nouveau monde grâce à leur éveil et leur conscience. Ce handicap invisible, lorsqu'on le contrôle, l'équilibre, est un vrai cadeau, une richesse.

Je ne pensais pas dire cela un jour, mais merci à la phobie scolaire…

À tous les jeunes avec qui j'ai eu la chance de partager un petit bout de chemin…

Quand vous en arrivez là, votre ciel est bien bas
Vous êtes paralysés d'angoisses, d'effroi
La détresse dans vos yeux, à deux doigts de craquer
Sur vos frêles épaules, le poids de l'humanité

Comment peut-on avoir si tôt une telle conscience

Du système en folie, de tant d'incohérences
Et vous vous demandez, pourquoi donc cette route
Comment avancer dans le non sens et les doutes

Vous comprenez des choses que les autres ne voient pas

Et toutes ces émotions qui vous submergent parfois
Mais impossible pour vous de mettre des mots dessus
De défaire tous ces nœuds, sortir de cette cohue

Une autre façon de penser qui vous fait vivre l'enfer
Besoin d'anxiolytiques, d'A.D, de somnifères
Vous avez déjà tant donné pour tenir jusqu'ici
Et mesurez soudain : ce n'est qu'une partie du prix

Mais des gens vous voient, savent votre différence

Maintenant elle est un poids, demain elle sera une chance
Vous réaliserez quelles belles âmes vous êtes
Vous êtes des diamants bruts, prisonniers de chaînettes

À travers un autre prisme, regarder le monde
Voir le bout du tunnel et ne plus se morfondre
Il suffit de comprendre comment les autres s'agitent
Et s'équiper un peu pour plus qu'ils nous habitent

Le monde est tel qu'il est, il faut bien l'accepter
Mais rien ne vous oblige à vous y façonner
Pourquoi prendre l'autoroute, il y a tant de chemins
Peuplés d'autres diamants, de fées et de lutins

Être libre dans sa tête pour l'être dans la vie
Apprendre à se connaître, se respecter aussi
Bienveillants et confiants, plantez donc quelques graines
D'amour de Vous, des autres, libérés de vos chaînes

Remerciements

À mes enfants, mes amours, ma vie. Je suis si fière de vous. Je vous aime,

À Odile et tous les bénévoles de l'association Phobie Scolaire, pour votre soutien sans faille, votre temps, votre engagement et votre bienveillance,

À A. pour être qui tu es et à tout ce que nous partageons,

À Jeanne pour son amour inconditionnel,

À Jean-François Laurent, pour sa sagesse et sa préface,

À toute l'équipe bienveillante et professionnelle de JDH Éditions

À mes sœurs qui comprendront pourquoi…

À tous les parents qui traversent cette tempête : faîtes leur confiance, faîtes vous confiance.

Case Blanche

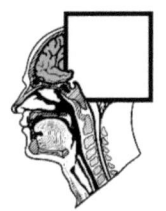

La collection Case blanche est née d'une ambition éditoriale. À savoir, réunir des textes d'auteur(e)s qui éclairent les lecteurs sur l'éducation avec une majuscule. Pistes de réflexion, propositions, idées novatrices… Elle vous parlera aussi de la connaissance du monde comme de la connaissance de soi.

La case blanche revendique le fait de rester blanche.

Elle ne se coche pas.

Cette collection a le souci de rester en permanence sur de la recherche, de ne pas tenir compte des acquis et des certitudes sur ce sujet. Originale, intellectuelle, contemporaine, elle vous proposera des alternatives.

Elle est à l'image de sa directrice, Nathalie Sambat.

JDH Éditions, l'édition nouvelle vague.

Suivez **JDH Éditions** sur les réseaux sociaux
pour en savoir plus sur les auteurs,
les nouveautés, les projets…

Venez découvrir L'Édredon
La revue littéraire de JDH Éditions